KB150873

프란츠 파농

- 혁명가와 페미니즘 -

프란츠 파농
혁명가와 페미니즘

T. 데니언 샤플리-화이팅 지음

우제원 옮김

인간사랑

우리는

봉건질서가 영속되는 위험을 막아야 한다.

봉건제는 여성을 지배하는 남성적 요소의 우월성을

신성하다고 여긴다. 곧, 제도적인 측면이 아니라 공장과 학교 혹은

의회와 같은 일상의 삶에서 여성들도 남성과 정확히 똑같은

입장에 있게 될 것이다.

프란츠 파농

2008년 미국 전역은 대통령 선거에 앞선 공화당과 민주당 후보 공천 선거로 분주했다. 특히 버락 오바마(Barack Obama) 일리노이 주 상원의원과 힐러리 클린턴(Hillary Clinton) 뉴욕 주 상원의원의 대결구도로 굳어진 민주당의 공천 선거는 둘 다 소수 집단을 대변한다는 데서 특별한 관심을 모았다. 케냐 이민자 아버지를 둔 오바마는 흑인 지도자로서, 각종 사회운동에 참여한 클린턴은 여성 지도자로서 조명을 받자 둘 다 다수의 흑인 혹은 여성과는 다르다는 지적은 더 이상 들리지 않는다. 오히려 둘 중 누가 공천되든 흑인과 여성이라는 소수 집단에서 대통령 후보가 나오는 것이고, 이는 곧 평등한 다원화 사회를 지향하는 미국 민주주의 발전을 증명하는 것이 아니냐는 성급한 낙관론도 심심치 않게 등장한다. 그러나 결국 두 후보 중 한 사람만이 대통령 후보로 지목됐고, 흑인 급진주의와 페미니즘 사이에서 오랫동안 불거져 온 갈등을 피할 수는 없을 듯하다.

올해 초 뉴욕 타임즈는 오바마와 클린턴의 관계를 빗대어 19세기 말의 페미니스트 엘리자베스 스탠턴(Elizabeth Stanton)과 흑인 운동가 프레드릭 더글라스(Frederick Douglass)의 이념적 결별을 소개했다(2008년 1월 13일자). 이 둘은 노예와 여성 해방을 함께 주창한 동지였으나 1869년 흑인 남성의 투표권만 인정되자 스탠턴이 소수 집단 사이에 존재하는 성적 헤게모니를, 더글라스가 백인 페미니스트들의 우월적 인종주의를 강력히 비판하며 서로 갈라섰다. 이와 같은 비판의 양상은 오늘날 두 민주당 후보를 지지하는 유권자들의 논쟁과 아주 흡사하다. 그렇다면 남성을 중심으로 한 흑인 해방 정치와 백인 중산층 여성이 이끈 페미니즘은 서로 화해할 수 없는가? 소수 집단 사이의 이해관계는 서로 상충할 수밖에 없는가? 그렇다면 어떻게 흑인 여성은 이 두 집단의 긴장 가운데 인종 해방과 더불어 여성 해방을 실현할 수 있는가? T. 데니언 샤플리-화이팅(T. Denean Sharpley-Whiting)의 『프란츠 파농 : 혁명가와 페미니즘』(원제 : *Frantz Fanon : Conflicts and Feminisms*)은 이 질문들에 답하기 위한 적절한 논의를 프란츠 파농을 재평가함으로써 제시한다.

　　이 책은 파농의 저서를 면밀히 분석하며 흑인 남성 해방 운동가 프란츠 파농이 어떻게 서구 페미니스트들에게 반페미니스트이자 여성 혐오자라는 부당한 공격을 받았는지 밝혀낸다. 이어서 저자는 현대 미국 흑인 페미니스트들이 파농의 혁명정신을 바탕으로 페미니즘 이론화와 이를 실천으로 옮기고 있음을 논리적으로 설명한다.

이 책에서 다시 살아난 파농은 프랑스 식민지의 알제리 여성과 프랑스령 마르띠니끄의 흑인 여성 등 식민주의와 가부장의 이중 억압에 고통받는 여성들을 외면하지 않았다. 대신 그는 여성들이 조국 혁명과 흑인 혁명에 기여한 투쟁정신을 높이 사고, 이를 바탕으로 사회의 모든 억압이 점차 사라질 것으로 낙관했다. 그러나 사회문화적으로 형성된 흑인의 열등감을 무비판적으로 수용한 흑인 여성 작가에 대한 파농의 무자비한 비판은 서구 페미니스트들이 그를 공격할 빌미를 제공했다. 샤플리-화이팅은 이 점을 반박하며 가부장적 흑인 사회에서 흑인 해방 정치를 이끈 남성 지도자를 비판한다고 해서 곧 이중 억압을 받는 흑인 여성을 옹호하는 것은 아니라고 강조한다. 여성 해방의 이름으로 흑인 여성을 침묵하게 한 서구 페미니즘의 논리는 결국 인종 해방을 위해 흑인 여성의 희생을 옹호한 흑인 가부장적 논리와 차이가 없는 것이다. 여기서 파농의 한계를 인정하고 그를 비판적으로 계승한 현대 미국의 급진적 흑인 페미니즘은 중요하게 떠오른다.

파농이 추구했던 신인본주의의 세계, 즉 모든 형태의 억압이 사라진 사회는 오늘날 모든 소수 집단이 협동하여 나아가야 할 목표이다. 오바마 혹은 클린턴 둘 중 누가 승리하건 간에 소수 집단에서 미국 대통령이 나온다면 분명 백인 중산층 남성이 주도해 온 미국 주류 사회에 변화가 올 것이다. 그러나 이러한 변화는 단순히 몇몇 소수자들이 주류 사회에 등장했다는 상징적 의미가 아니라, 다양한 사회문화적 층위에 파고든 지배자의 이데올로기가 소수 집단에 의해 폭로되고 수정되는 계기가 되어야 할 것이다.

마지막으로 이 책의 한국어판은 파농과 미국 흑인 역사에 대한 번역자의 애정에 비해 부족하기만 한 번역서로서 앞으로도 수정되고 보완될 부분이 더 있을 것임을 고백하는 바이다. 다만, "혁명보다 더 어려운 것은 그 정신을 혁명 후에도 지켜가는 것"이라는 질로 폰테코르보(Gillo Pontecorvo)의 말을 되새기며 번역자는 파농의 혁명정신을 현대 인종과 여성 문제와 관련하여 되짚어 본 이번 작업이 한국 사회의 앞날에 조금이라도 기여할 수 있기를 소망한다.

2008년 봄, 미네아폴리스에서

역자 **우제원**

차례

들어가는 말

페미니즘과 흑인 해방 정치, 특히 남성 주도의 혁명 정치 사이에 존재하는 어색한 결합(사실, 낯설지 않은 틀에 다른 하나가 끼어 있다)은 이제 진부하다. 다행스럽게도, 여러 강연이나 글들이 흑인 혹은 "제3세계" 남성 급진주의자들의 성차별주의와 여성 혐오에 초점을 맞춰왔다. 그러나 안타깝게도 이들 비평가들은 인종주의와 제국주의를 공격하면서 종종 남성 혁명가들마저 예외 없이 반페미니스트들로 폄하하는 습관을 보여줬다. 이러한 파블로피안식[1]의 넘겨짚기는 여느 이분법적 양극화와 마찬가지로

---

1 역주_ Pavlovian. 19세기와 20세기에 걸쳐 큰 업적을 남긴 러시아 생리학자 이반 파블로프(Ivan Pavlov)의 연구에서 나온 말. 동물의 생리작용이 이전에 형성된 습관적 행동에 영향을 받는다는 것을 밝힌 이 연구는 확장된 의미로 조건반사적인, 혹은 반성 없이 습관적으로 이뤄지는 관행을 일컫는다.

피식민지인들의 억압된 상황에 대항한 해방투쟁의 복합성을 보여주지 못한다. "흑인 혁명가"와 이에 반사된 반응인 "가부장적 남성"은 부정적인 이미지를 명백하게 담고 있다고 하자. 이 말의 외형은 회색지대에 대한 세밀한 분석과 반제국주의자들을 구별짓는 섬세한 경계선을 대체하고 만다. 친페미니스트 남성 혁명가들의 형태들만이 반성차별주의를 바탕으로 성정치학을 성실하게 연구함으로써 탈식민주의 이론을 구체화할 수 있다는 것이다. 그러나 반제국주의자들의 혁명적인 실천은 그들의 성차별적 정치학에도 불구하고 여성의 권리에 거의 관심을 보이지 않는 다른 혁명가들로부터 여성의 해방을 가져오는 데 기여했다.

　　이같은 간단한 이해방식에 저항하여 T. 데니언 샤플리−화이팅(T. Denean Sharpley−Whiting)의 『프란츠 파농 :

혁명가와 페미니즘』은 이 마르띠니끄(Martinique)[2] 이론가
와 페미니즘의 다양성 속에서 그의 적절성을 논한다. 샤플
리―화이팅은 프란츠 파농의 『검은 피부, 하얀 가면』, 『대
지의 저주받은 자들』, 그리고 『식민주의의 쇠퇴』에서 성
정치학을 새롭게 조명하면서 반인종주의와 페미니스트
담론 가운데 페미니스트 논쟁의 수위를 한 층 높인다. 『프
란츠 파농 : 혁명가와 페미니즘』은 "제3세계"의 자유주의
운동과 여성 해방운동 안의 이론적 간극들에서 수렴되는
부분에 대한 꼼꼼한 분석을 시도한다. 더 나아가 이 책은
진보적인 사회정치학 이론에 중요한 역할을 한다. 저자는

---

2 역주_ 마르띠니끄는 서인도 제도의 동부에 위치한 화산섬이다. 1635년
에 프랑스의 식민지가 되어 여전히 프랑스령 영토로 남아 있다. 이 국
가의 공식 언어는 프랑스어이지만 대부분의 사람들은 앙띠유 끄리올
어(Antillean Creole)를 사용한다.

20세기 혁명과 페미니즘 이론과 관련하여 기술적으로 파농의 혁명사상과 여성 해방운동 사이에서 몇몇의 페미니스트들에 의해 빚어진 이분법을 폭로하기 때문이다.

샤플리-화이팅의 연구는 벨 훅스(bells hooks)[3]나 글로리아 조셉(Gloria Joseph)과 같은 급진적 흑인 페미니스트 이론가들의 저작에서 발견되는 파농의 전통과 함께 광범위하게 진행된(Fan-on, 파농의 이름을 언어유희적으로 이용함[역주]) 파농의 혁명주의 저서와 유럽/미국과 아랍/알제리 페미니즘 비평가를 섭렵한다. 사실, 샤플리-화이팅은 미국 흑인 여성들의 축에서 파농 사상의 한계를 인식하면서도

---

3 역주_ 벨 훅스는 현대 미국의 흑인 작가이자 페미니스트, 그리고 사회 운동가이다. 훅스의 글은 주로 인종, 계급, 그리고 젠더 문제가 갖는 상호성을 이해할 때 사회 억압과 지배구조를 개혁할 수 있다는 그녀의 신념에 초점이 맞춰져 있다.

그의 혁명 이데올로기, 자유와 인간에 대한 애정과 그들 스스로의 페미니즘 운동 사이의 연결점을 찾아간다. 이 여성들은 파농을 페미니즘의 한계를 평가하는 데 인용해 왔다. 가령 「덫, 학계의 포스트모던 페미니스트 의식, 그리고 미국 사회의 위기들」에서 샤플리-화이팅은 학계의 페미니스트들이 "페미니즘 운동가와 사회적으로 변형된 기원에 대한 그들의 실행을 새롭게 하는 데" 문제를 제기한다. 이 비평가는 또한 파농이 제기한 프랑스의 알제리 점령 기간 동안 프랑스 여성들 가운데 "식민지 페미니즘"을 포스트모던 페미니스트 작가들에 대한 비평으로까지 확대한다. 여기서 포스트모던 페미니스트 작가들은 파농의 혁명노선에 참여하지 않은 채 처음부터 파농을 부정하고 여성과 성에 대한 파농의 관찰을 희화화한다는 점에서 샤플리-화이팅의 작업은 독보적인 의미를 갖는다.

한 혁명가의 낭만적인 부활로 기울지 않은 채 샤플리-화이팅은 우리에게 "파농이 그 자신을 한 번도 페미니스트라 칭한 적인 없다"는 점을 각인시킨다. 더 나아가 이 비평가는 파농을 반페미니스로서 포스트모던 식으로 재조명하려는 환상을 제거함으로써 그를 함부로 재현하려 들지 않는다. 이 책에서 샤플리-화이팅은 "파농의 이성주의(heterosexism)와 동성애에 대한 불분명한 거부감(latent homophobia)은 진보적인 페미니즘과 양립할 수 없다"고 보면서 이 점이 "여성 혐오로 해석될" 설득할 만한 논의가 없다는 점을 흥미롭고 사려 깊은 논의로 풀어간다. 파농의『검은 피부, 하얀 가면』을 "임상 연구와 실험적 서사"로 묘사하면서 이 비평가는 백인 여성의 인종 간 성적 두려움들에 대한 위 책의 솔직함이 "엄연"하지만 "잔인하지 않다"고 주장한다. 파농은 "백인의 상상 속에서" 어떻게 흑인 남성과 여성의 몸이 고도로 성적 특징을 띠고 성적 방종과 폭력으로 연상되는지를 밝혀낸다. 이에 따라 샤플리-화이팅의 책에서 (백인 남성과) 흑인 남성에 의한 흑인 여성의 희생에 대한 논의는 몇몇 페미니스트 저작들이 간과한 혁명사상의 뉘앙스 가운데 두드러진 획을 긋는다.

마요뜨 까페시아(Mayotte Capecia)에 대한 샤플리-화이팅의 비꼬는 듯하면서도 예리한 논의는 어떻게 파농 시대의 마르띠니끄 여성이 프랑스 식민 "주체"의 성적·인종적 대상화에 공모하고 마는지를 보여준다. 까페시아의 "흑인 공포증"(Negrophobia)을 논한 파농의 비판에 대한 페미니스트들의 부정적이고 (샤플리-화이팅이 지적하듯이) 다소 상징적인 반응들은 이 비평가가 "파농을 희생적인 제단의 어린 양"으로서 다시 읽는 결과를 가져왔다. 까페시아에 대한 파농의 비판과 관련한 논쟁은 하나의 혁명적 지식인을 넘어선 의미들까지도 보여준다. 말하자면, 백인 문명 지식인들이 흑인 삶을 경멸하고 이 문화를 "야만적" 인 것으로 치부해 온 가운데 이러한 논쟁은 아프리카 (그리고 유럽) 자손의 여성에 대한 흑인 남성 혁명가의 신랄한 비판을 어떻게 읽을 것인가 질문을 던지게 한다. 이같은 상황에 처한 여성과 관계를 맺은 프랑스 남성 지식인에 의해, 그리고 반식민주의자들에게 "욕먹고" 있다고 믿으며 흑인에 대한 스스로의 반감을 충분히 인정하지 못하는 포스트모던 페미니스트들에 의해 식민제국이 불분명해진 작금에, 어떻게 우리는 반세기 전의 원주민 작가로서 까페시아에 대한 기존의 설명을 이해할 것인가?

샤플리-화이팅은 파농이 여성 해방운동을 감행했으나 이러한 사실이 수많은 작가들과 독자들에 의해 광범

위하게 간과되고 잘못 이해되어 왔음을 보여주면서 남성
주의 혹은 가부장적 폐쇄 없이 인종주의에 대항한 저항
에 대하여 말할 수 있는 방법들과, 이에 따라 어떻게 우리
가 반인종주의 이론이나 실행을 모호하게 만들지 않으면
서 남성 반인종주의와 반식민주의 담론에 담긴 남근중심
적 편견과 성차별주의를 논의할지에 대한 방향을 제시한
다. 샤플리−화이팅은 페미니즘을 부인하거나 남성 혁명
가를 고착화시키지 않으면서 여성에 대한 파농의 저작들
과 관련한 페미니즘 연구의 한계와 모순들을 문제로 삼는
다. 페미니즘에 관한 이 비평가의 논의들은 동시대의 흑
인 여성 이론가들과 활동가, 파농을 좀 더 해방적인 성정
치학으로 읽는 것은 반드시 필요함을 보여주면서도 그의
불확실한 정치적 인생과 저작들로부터 얻은 자료들과 급
진적인 영감들 간의 상호 연결고리를 그려낸다. 이 책은

다양한 페미니즘과 파농의 혁명투쟁들을 둘러싼 갈등에 대한 탐구를 통해 여성과 억압된 민족들을 위한 해방 이론에 결정적인 기여를 한다.

감사의 말

너무 당연하게도 많은 분들이 제가 이 연구를 할 수 있도록 여러 모로 큰 도움을 주셨습니다. 제가 정말 존경하는 멀리 계신 저의 은사님이자 여성인 새디어스 데이비스(Thadious Davis) 교수님, 제가 큰 존경과 애정을 갖고 있는 친구이자 동료인 조이 제임스(Joy James), 제가 언제나 말동무가 필요할 때 함께 해준 절친한 친구 마요리 살보던(Marjorie Salvodon), 발레리 올랜도(Valerie K. Orlando), 캐서린 홀더바움(Katherine Holderbaum), 이 책의 작업을 함께 한 로만 앤 리틀필드 출판사(Rowman & Littlefield) 전 편집자인 제니퍼 뤄크(Jennifer K. Ruark)와 현재 저의 편집자인 크리스타 데이비스 애캠포라(Christa Davis Acampora), 부편집자인 도로시 브래들리(Dorothy Bradley)와 로빈 애들러(Robin Adler), 그리고 이 출판사의 발행팀 여러분의 노고에 감사드립니다. 여러분들이야말로 최고의 출판팀이에

요! 페미니즘, 파농, 그리고 『여성 해방과 혁명의 변증법』에 관한 흥미로운 대화와 이메일을 나눈 마이클(Michael), 로리(Laurie), 그리고 루(Lou)에게 감사해요.

저는 또한 로만 앤 리틀필드 출판사의 서평가 여러분의 사려 깊은 조언과 비평에 감사드리고 싶습니다.

이에 더불어 그의 편집서인 『다시 읽는 파농』(Rethinking Fanon)에 "알제리 해방운동"을 출판하게 해준 니겔 깁슨(Nigel Gibson)에게도 심심한 감사를 표하고 싶습니다. 크리스토퍼 던(Christopher Dunn)과 더불어 털레인 대학교(Tulane University)의 프랑스와 이탈리아과, 아프리카와 아프리카 디아스포라 연구회, 그리고 여성학회 회원들께서는 저의 연구에 훌륭한 자문을 제공해 주셨습니다. 또한 시카고의 아이다 웰즈 포럼(Ida B. Wells Forums), 코뮤니버시티(the CommUniversity)와 카터 우드슨(Carter G. Woodson)

도서관 조직위원들께 제 연구를 발표할 수 있는 장을 마련해 주신 데 대하여 감사드립니다.

퍼듀 대학교(Purdue University)의 외국어문학과 학장인 크리스티안 켁(Christiane Keck)과 아프리칸 아메리칸 연구 프로그램의 지도교수인 레오나드 해리스(Leonard Harris)와 저의 동료들은 제가 이 연구를 계속 할 수 있도록 고무 · 격려해 주었습니다.

간단히 저는 뮤렐 샤플리(Murrell C. Sharpley)와 린다 다이앤(Linda Diann)이 없이는 아무 것도 할 수 없었을 것입니다. 제 가족의 응원 또한 말로 다 할 수 없을 듯합니다. 버탤로리나 웹(Bertalorina Webb), 에블린 파틀로(Evelyn Partlow), 지나 제임스(Gina V. James), 캐롤린 존슨(Carolyn Johnson), 샤론 루이스(Sharon Lewis), 스탠(Stan) 삼촌과 앤얀고(Anyango) 삼촌, "주주"(JuJu) 아저씨와 베른(Verne), 제 작은 동생 아이언 샤플리(Ian Sharpley), 아네타(Arnetta)와 가족, 조이스 피나(Joyce C. Pina), 그리고 바로 당신 맥스웰 화이팅(Maxwell Whiting)을 떠올려 봅니다. 스터링 크리스토퍼(Sterling Christopher), 당신을 빼놓을 뻔했군요.

형제 자매와 마찬가지인 제 첫 번째 사촌 싸비티 루이스(Thabiti R. Lewis)와 애니타 매리 루이스(Anita Marrie Lewis). 너무 대단하다는 말 외에 제가 무슨 말을 하겠어요?

한없는 사랑을 나의 남편이자 가장 친한 친구, 그리고 상담가인 질먼 화이팅(Gilman W. Whiting)과 제가 글을 쓰는 동안 제 발치에 앉아 있는 강아지 카치리(Kachiri)에게 바칩니다. 특히, 제가 학문적으로 지칠 때마다 당신이 보여준 응원과 격려에 충분한 고마움을 다 말할 수가 없네요.

서론

지난 1996년 7월 20일, 시카고 예술재단의 지원을 받아 열린 제2회 흑인 하비스트 필름 축제(Black Harvest Film Festival)에서 나는 프란츠 파농의 유산과 아이작 줄리앙(Isaac Julien)의 필름인 『프란츠 파농 : 검은 피부, 하얀 가면』(*Frantz Fanon : Black Skin, White Mask*)[1]에 대한 의견을 발표했다. 말하자면, "오늘 여기서 우리가 파농을 논하며, 또한 파농을 다룬 필름을 비롯하여 많은 사

---

1 역주_ 아이작 줄리앙은 1960년 런던 태생의 설치미술가이자 필름 제작자이다. 그는 예술 장르 간 경계를 허물며 지속적으로 흑인과 동성애자 문제를 주제삼아 다큐멘터리 필름을 제작하고 예술활동을 펼치고 있다. 대표적인 그의 필름은 본문에 언급한 것 말고도 1989년 극적 다큐멘터리인 「랭스턴을 찾아서」(*Looking for Langston*)가 있다.

람들이 파농에 대한 다양한 작업을 하고 파농을 논한 많은 서적이 있다는 점에서 파농의 영향력은 확인될 수 있다." 다양한 정치적 견해와 인종으로 구성된 관중들 앞에서 파농의 삶을 스크린에서 해석한 줄리앙의 노작을 두고 파농 학자들이 패널로서 다시 한 번 논쟁을 벌였다.

나의 응답은 주로 파농이 여성 해방운동을 실행에 옮겼는지, 여성 해방운동 이후의 이론과 실천에 그가 적절한지, 그리고 더 중요하게 위의 필름에서 페미니스트 비평가들의 문화 연구가 내포하고 있는 그의 "반페미니스트적" 면모에 주력하였다.

그 필름을 통해 파농을 새롭게 발견하고 토론하려는 열기에 차서 사람들은 그 넓은 강당의 복도까지 미어터지도록 몰려들었다. 관중들의 대다수가 파농의 저작이나 삶의 복잡함에 충분히 익숙하지 않았기 때문에 나는 이 책의 독자들 역시 파농에 대한 호기심이 있더라도 그가 누구이고 무엇을 대변하는지, 그리고 그의 유산이 무엇인지를 정확하게 안다고 생각하지 않는다.

프란츠 파농은 1925년 7월 20일 캐리비안의 프랑스령 식민지였던 마르띠니끄 섬에서 태어났다. 18세에 그는 나치 독일과의 전쟁 중에 프랑스 군대에 입대하고 1945년에는 끄로아 드 괴르(Croix de Guerre) 훈장[2]을 받는다. 그

가 군복부를 하고 전쟁의 여파가 몰아치던 중 프랑스 자
국의 인종주의에서 벗어날 수 없던 상황에서 파농은 "프
랑스인"으로서의 그의 정체성을 반문하기 시작했다. 전쟁
후에 그는 리옹에서 정신의학을 공부했다. 1953년 11월,
그는 프랑스의 알제리 식민지에서 가장 큰 규모의 정신
병원인 블린다-조인빌(Blinda-Joinville)의 주임 의사(Chef
de Service)로서 지명받는다. 알제리 식민지의 프랑스 정책
은 1830년부터 시작하여 1871년 영토를 완전히 정복함
으로써 끝났지만, "프랑스령" 알제리 시민권의 혜택을
누리고 싶어하는 알제리 이슬람교도들의 불만을 오랫동
안 자극하였다. 꼴롱(colons)[3] 또는 알제리에 거주하는 유
럽계 소수 집단은 동등하게 유럽계 후손들(pied-noirs)[4]로

---

2 역주_ 프랑스와 벨기에의 군대 훈장이다. 1915년에 처음 만들어졌으
며, 후에 제1차 세계대전과 제2차 세계대전에 참전한 군인과 다른 동
맹군들에게 수여됐다.

3 역주_ 프랑스어로 해외 이민자를 뜻한다. 프랑스의 식민지 확장과 더
불어 프랑스계의 이민은 1871년 이후 본격적으로 전개되었다. 이들은
프랑스 식민지에서 정치적 · 경제적으로 지도적인 위치를 누렸다. 그
러나 1954년부터 알제리 독립운동과 프랑스 본국의 알제리 정책에
강력히 반대하며, 후에 극우 테러조직을 통해 폭력저항을 했다. 그러
나 1962년 알제리 독립 이후에는 대부분 본국으로 돌아갔다.

4 역주_ 프랑스령 식민지에 거주하는 유럽계 후손들을 가리키는 말이다.
알제리에서 태어난 유태인을 비롯하여 여러 유럽 국가들 이민자의 자
손들이 모두 포함된다. 꼴롱보다는 좀 더 폭넓은 의미로 식민지의 백

간주되어 비교적 편안하게 사는 반면, 주요 인구인 이슬
람교도들은 극도의 가난에 시달렸다. 친혁명적 이슬람
알제리인 폭동에 대한 가장 폭력적인 프랑스 식민정부의
진압은 1945년 5월 8일, 세띠프(Setif)[5]라는 급진적 국가주
의의 역사를 갖고 있는 작은 시장 마을에서 일어났다.[6] 프
랑스 알제리 간 전쟁은 공식적으로 1953년 11월 1일 파
농이 도착한 1년 후로부터 시작됐다. 그는 1956년에 정신
과 의사직을 사임하고 프랑스에 대항한 독립운동에 뛰어
들기 위해 알제리 민족해방전선(the Front de Liberation Nat-
ionale : FLN)[7]의 교구파에 참가한다. 그는 알제리 민족해방
전선의 정치선전 하위 기구인 엘 무자히드(*El Moudjahud* :

인들을 일컫는다. 작가 알베르 까뮈가 대표적으로 이 집단에 속한다.

5 역주_ 알제리의 북동부에 위치한 도시. 이곳은 1945년 5월 8일, 공식적
으로 제2차 세계대전이 끝난 다음날 프랑스의 지속적인 식민지배에
분노한 식민지인들이 90명이 넘는 유럽계 후손들을 공격하여 사망하
게 만들었다. 이들을 진압하기 위해 프랑스 식민정부는 세띠프 대학살
을 감행했고 4만 명이 넘는 알제리인 사상자를 낳았다.

6 세띠프에 대한 더 자세한 설명은 Alistair Horne, *A Savage War of Peace*
(New York : Viking, 1972)를 참조할 것.

7 역주_ 알제리의 사회 정치당. 1954년 11월 1일 알제리 독립을 위해 처
음 결성됐다. 프랑스 식민정부에 대한 식민지인들의 저항은 1925년 북
아프리카의 별을 결성하면서 본격적으로 조직화되어 알제리 민족해
방전선은 전 민족을 결집하는 양상으로 발전하여 게릴라전을 펼쳤다.
1989년까지 알제리 민족해방전선은 일당체제였으나 현재 복수 정당
제가 채택되어 여러 당이 활동하고 있다.

The Fighter)를 위한 글을 쓰고 알제리 상황에 관한 정상회 담과 학회에서 연설을 함으로써 혁명세력의 가장 명료한 사상가의 한 사람으로 자리매김했다. 1960년 그는 가나에 서 알제리 임시정부(the Gouvernement Provisoire Algerien)의 대 변인으로 선출됐다.

파농은 알제리의 식민상황을 분명하게 인식하고 이 를 모든 피식민지인들의 상황으로까지 확대한다. 『검은 피부, 하얀 가면』(원제 : *Peau noire, masques blancs*)은 마르띠니 끄 피식민지인들의 복잡한 심리상태에 대한 파농의 의학 연구이지만 이 저작에서 보여주는 이론들은 전 지구적으 로 적용될 수 있다. 실제로, 『식민주의의 쇠퇴』(원제 : *L'An cinq de la révolution*), 『아프리카 혁명을 향해』(원제 : *Pour la ré- volution africaine*)와 『대지의 저주받은 자들』(원제 : *Les Damnés de la terre*)에 나타난 파농의 혁명선언들은 제3세계와 미국 에 사상적 토대를 마련해 줌으로써 궁극적으로 그를 여러 진보적 무대에서 억압에 대항한 세계적 이론가로서의 입 지를 굳혔다. 『대지의 저주받은 자들』은 1960년대와 1970 년대의 혼란 가운데 미국 흑인 급진주의자들의 혁명서에 서 가장 빈번하게 인용된 책 중의 하나였다.[8]

파농은 그의 나이 36세였던 1961년 백혈병의 합병 증으로 세상을 떠났다. 이후 급진적인 정신의학자이자 혁명가를 기념하며 독립 알제리의 큰 도로와 대학에 그의 이름이 붙여졌다. 또한 프란츠 파농 도서관(the Bibliothèque Frantz Fanon)과 도로와 함께 1987년 쁘릭스 프란츠 파농 (Prix Frantz Fanon) 문학상이 그의 고향 마르띠니끄에 설립 되었다.

프란츠 파농의 저작들은 정치학에서부터 현대 문화 연구와 여성학에 이르기까지 여러 학문분야에도 중요하 다. 실제로 그의 저작들은 시간과 학문의 경직된 경계들 을 넘나든다고 할 수 있다.

나는 파농의 이름을 삼촌과 대화를 나누던 중에 처음 들었다. 나의 삼촌인 죠지 웹(George Webb)은 필라델피 아 북부에서 노동자들을 조직하여 협동조합과 동지 모임 을 설립한 마르크스 인본주의자이다. "파농이 누구지요?" 라고 나는 물었다. 그가 내게 『대지의 저주받은 자들』을 건네주었던 1982년, 그해 여름은 무덥고 습했다. 1992년 여름이 되어서야 프랑스의 아비뇽에서 나는 파농에 관한

---

8 다른 언급이 없다면 이 책에서 파농의 저작들은 다음 판본을 따른다. 『검은 피부, 하얀 가면』(New York : Grove Press, 1967) ; 『아프리카 혁 명을 향해』(New York : Monthly Review Press, 1967) ; 『대지의 저주받 은 자들』(New York : Grove Press, 1963) ; 『식민주의의 쇠퇴』(New York : Monthly Review Press, 1970).

많은 페미니스트적 논점들의 성격을 파악하게 되었다. 프
랑스어 문학 수업에서 교수는 파농이 마요뜨 까페시아
(Mayotte Capécia)를 "오독"("injuste" reading)한 점을 경고했
다. 께사르(Césaire)의 『내 조국으로의 귀환』(Cahier d'un retour
au pays natal)과 『식민주의 담론』(Discours sur le colonialisme), 그
리고 망미(Memmi)의 『피식민지인과 식민지배자』(Portrait
du colonisé précédé du portrait du colonisateur)가 필수 교재로서 프
랑스어권의 식민세계를 탐구하는 맥락에서 제공된 반면,
위와 같은 경고는 오직 프란츠 파농의 저작을 논할 때만
언급되었다. 이에 따라 나는 파농의 『검은 피부, 하얀 가
면』을 다시 읽고 까페시아의 작품들을 찾아보기로 했다.

1995년 봄, 나는 다시 프란츠 파농의 저작으로 돌아
갔다. 파농의 70번째 생일을 기념하여 퍼듀 대학교의 아
프리칸 아메리칸 학회 연구 센터로부터 지원을 받은 학회
에서 나는 파농, 까페시아, 그리고 페미니즘에 관한 논문
을 발표했다. 이 학회에서 편집본인 『파농의 비판적 읽기』
(Fanon : A Critical Reader)가 구상됐다.[9] 나의 논문 「반흑인 여
성성과 혼혈인종의 정체성 : 파농의 까페시아 다시 읽기

---

9 Lewis R. Gordon, T. Denean Sharpley-Whiting, and Renee T. White, eds.,
  Fanon : A Critical Reader (Oxford : Blackwell, 1996).

에 관하여」(AntiBlack Femininity-Mixed Race Identity : Engaging Fanon to Reread Capécia)와 심포지엄은 현재 연구의 토대를 제공했다.

『프란츠 파농 : 혁명가와 페미니즘』은 위의 논문에서 제기된 주제들을 더 발전시킨 것으로서 파농을 "여성 혐오주의자", "반페미니스트", 그리고 "여성 해방운동 반대자"로서 읽은 페미니스트들의 오독을 바로 잡도록 할 것이다. 대신에 이 책은 성평등과 해방의 주창자일 뿐만 아니라 친페미니스트(profeminist) 의식의 대변자로서 파농의 저작들을 읽는 대안적인 페미니스트 독해를 제시할 것이다.[10] 간단하게 보자면 파농의 저작들은 "남성과 여성이 문화, 물질적 혜택과 삶의 존엄에 대한 동등한 권리를 누리는 사회"에 대한 신념을 바탕으로 심오한 "신인본주의"(New-Humanism)를 주장한다(『아프리카 혁명을 향해』, 102쪽). 『프란츠 파농 : 혁명가와 페미니즘』은 1970년대에 착수된 비평가들로부터 파농을 구하자는 시도에서 더 나아가[11] 몇몇 페미니스트들에 의해 고착된 파농의 혁명철학

---

10 나는 친페미니스트라는 용어를 조이 제임스로부터 빌려왔다. Joy James, *Transcending the Talented Tenth : Black Leaders and American Intellectuals*(New York and London : Routledge, 1997).

11 Tony Martin, "Rescuing Fanon from the Critics," *African Studies Review*

과 여성 해방운동 간의 이분법을 폭로하고자 한다. 이러
한 이분법을 반성하면서 이 책은 페미니스트 문학과 행
동주의자 비평가들이 보여준 파농의 영향력을 다시 확인
한다. 이에 따라 필자는 여성 해방 운동가들이 기대고 있
는 파농의 논의를 그들의 페미니스트 이론화와 실행을 통
해 역사 속에서 재정립하는 방식까지 짚어볼 것이다. 이
번 연구는 프란츠 파농과 그에 대한 페미니스트 비평가
들의 관심뿐만 아니라, 파농의 전작을 통해 유색의 억압
받는 여성에 대한 논의를 살펴 이들 논의 역시 마찬가지
로 파농의 영향을 받았다는 데 초점을 둔다.

『프란츠 파농 : 혁명가와 페미니즘』은 서론, 네 개의
장들과 결론인 「덫, 학계의 포스트모던 페미니스트 의식,
그리고 미국 사회의 위기들」로 구성되었다. 결론은 파농
의 "국가의식의 덫"(Pitfalls of National Consciousness)과 포스
트모던 페미니즘 학계의 "불행"(misadventure)을 분명하게
말해주는 진보적 페미니스트들과 접목된다. 이 결론은
또한 왜 학계의 페미니스트들이 사회적 혼란 속에서 불
가결한 페미니스트 이론화를 해방적 행동으로 발전시키

13(December 1970).

지 못했는가에 대한 근본적인 물음도 던진다. 이와 더불어 책의 마지막 부분은 학계 안팎으로부터 여성주의적 행동과 사회 개조를 향해 거듭나려는 페미니스트 지식인들로서 스스로를 인식하지만 여전히 학계에 머무르는 여성들을 문제 삼는다.

　　이번 연구는 정치문화와 학계에서의 미국 페미니즘으로부터 출발하여 알제리를 비롯한 아랍 문화권에서 제3세계의 페미니즘을 짚어보고 다시 미국에 관한 논의로 돌아올 것이다. 본질적으로 이 연구는 파농과 페미니즘 간의 갈등들을 제시하는 것으로 시작하여 이들 갈등의 화해가 어떻게 이뤄지는지에 대한 탐구로 나아갈 것이다.

　　제1장 「파농과 페미니즘의 갈등」은 파농과 페미니스트들 혹은 다양한 페미니즘 간의 갈등들을 대략적으로 설명한다. 이 장은 페미니즘과 이들의 논쟁점, 그리고 정치적이거나 이데올로기적인 오류의 경계들, 주목할 만한 자유주의자, 급진주의자, 그리고 민족주의자들과 같은 맥락들을 소개하고 정의한다.

　　제2장 「파농과 까페시아」는 마요뜨 까페시아의 『나는 마르띠니끄인이다』(*Je suis martiniquaise*)와 『하얀 흑인 여

자』(*La négresse blanche*)를 같이 읽으면서 파농 이론가들과 학계 페미니스트 문학 이론가들(여기서 나는 자유주의적 유럽－미국계 문학 비평 페미니스트들을 가리킨다)을 필수적으로 끌어들인다. 나는 위의 자전적/실화적 작품들이 백인 남성의 사랑, 유아기로의 퇴보와 반흑인 인종주의에 대한 애들러 식[12]의 찬양이라고 파농이 정확하게 지적했을 뿐만 아니라, 반페미니즘과 반흑인 여성성을 내포하기 때문에 비난받을 수 있음을 밝힌다. 이 장은 벨 혹스(bell hooks)가 『검은 외모 : 인종과 표상』(*Black Looks : Race and Representation*)에서 표현한 바를 따라 결론짓는다 : "우리가 모든 여성을 자매들이라고 불러야 하는가?"

제3장 「식민주의, 민족주의, 그리고 근본주의 : 알제리 해방운동」은 알제리 혁명 기간과 후기 식민지 시대에 민족주의와 근본주의의 억압적인 역할, 파농의 혁명과 여성에 대한 저작들을 알제리 페미니스트 마리－아이메 헬

---

12 역주_ 헝가리 태생의 유대인 심리학자인 알프레드 애들러(Alfred Adler, 1870-1937)의 연구에서 나온 말이다. 그는 성본능으로 모든 행동을 설명하려 한 프로이트에 반대하여 인간의 행동과 발달을 결정짓는 것은 스스로에 대한 열등감과 무력감, 그리고 이를 보상하고 극복하려는 권력에의 의지, 즉 우월의 요구라고 보았다. 이와 마찬가지로 흑인의 행동은 자기 존재에 대한 열등감과 이를 극복하려는 의지에서 설명될 수 있다는 것이 파농의 논의이다.

리-루까스(Marie-Aimée Helie-Lucas)의 비판들을 통해 검토한다. 이어서 이 장은 알제리 여성과 『식민주의의 쇠퇴』에서 알제리 독립투쟁에 이들 여성의 참여에 대한 파농의 저작들을 심도 있게 읽는다. 파농이 기술하듯 "여성과 혁명가 사이에는 연속성이 있다." 이들 여성은 "모범적인 일관성, 자기 통제력과 성과"를 겸비하여 혁명 활동을 수행하는 투쟁의 "등대요, 지표"이다. 또한 "알제리 여성은 간호사, 교섭 요원, 전투가로서 투쟁의 깊이와 강도를 목격했다"(『식민주의의 쇠퇴』, 50, 60쪽). 사실 파농에 따르면, 알제리 여성은 해방 투쟁에 참여하면서 알제리 사회의 가부장적 구조에 도전했고, 더 나아가 알제리 여성 자신과 자유의 권리에 대한 개념을 바꿔놓았다.[13]

제3장은 또한 서구 여성들이 지지하는 일반적인 여성주의적 연대가 내포한 복잡함과 위선을 파농이 심도 있게 비판하고 있음을 논의한다. 여기서 나는 이러한 여성주의적 연대를 프랑스화된 알제리(Algérie française)의 프랑스 식민지화와 신화의 연속선상에서 예견된 식민지 페미니즘(colonial feminism)이라 일컬을 것이다.

---

13 물론, 서구 페미니스트들도 여성 총체성의 관점에서 알제리 사회의 변화를 평가한 파농을 논하기도 한다.

제4장「미국의 급진적 흑인 페미니스트들과 파농과의 상관성」은 미국 흑인 페미니즘을 따라서 페미니스트 저항 정치학의 다양한 무대에서 억압/해방에 대한 파농의 이론이 어떻게 사용되는지를 논한다. 이 장은 중점적으로 이 두 문제 간의 화해를 향해 점차 나아가면서 파농의 혁명과 신인본주의 철학과 사회경제적 · 정치적 변화에 대한 급진 흑인 페미니스트 철학 사이의 관계를 탐구한다. 특히, 린다 조 라 뤼(Linda Jo La Rue), 프랜시스 베일(Frances Beale)과 벨 훅스가 주 논의 대상이다.

왜 이들 흑인 페미니스트인가? 물론 이 선택들은 작위적이면서도 동시에 꼭 그렇지만은 않다. 이들 페미니스트들은 분명하게 이들의 정치적 · 학자적 논의선상에 놓인 파농 사상의 중요성을 전제한다. 이러한 관점은 나의 논의와 맞닿는다. 그러나 동시에 다른 급진적 페미니스트 저작도 있음을 인정할 필요가 있는데, 「『흑인 학자』(*Black Scholar*) 캐슬린 클리버(Kathleen Cleaver)와의 인터뷰」에서 캐슬린 클리버, 흑인 페미니즘과 흑인 해방에 관한 바바라 스미스(Barbara Smith)의 성명, 아사타 샤커(Assata Shakur)의 자서전 『아사타』(*Assata*), 앤젤리나 데이비스(Angela Davis)의 에세이 「노예 공동체에서 흑인 여성의 역할 재고」, 엘레인 브라운(Elaine Brown)의 『권력의 맛』(*A Taste*

of Power), 그리고 토니 케이드 밤버라(Toni Cade Bambara)의
「역할문제에 관하여」 등 이들의 이론화와 실천은 파농의
성취와 닮았다. 특히, 파농의 반페미니스트 성향에 대한
이전 분석과는 대조적으로 라 뤼와 베일은 블랙 파워(the
Black Power), 시민권과 문화적 민족주의 운동, 그리고 일
반적인 성차별주의에 나타난 흑인 남성 우월주의에 대한
비판으로서 파농의 저작들을 자리매김한다.

특히 훅스는 이 책의 논의에서 중요하다. 그녀는 동
시대 학계와 페미니스트 문화 연구의 장 모두에서 강력
한 목소리를 내고 있다. 이들 무대가 여성혐오주의자로
서의 파농에 대한 비판이 거세게 일던 바로 그 근원지라
는 점에서 훅스의 활약은 더욱 주목할 만하다. 베일과 라
뤼의 시대가 1960년대와 1970년대의 급진적 운동으로 두
드러졌다면, 훅스의 작업은 1980년대와 1990년대에 걸쳐
있다. 논의의 여지 없이 페미니스트이자 진보주의자인 훅
스는 현대 급진주의를 후기 흑인 공민권 시대의 페미니스
트 저항 정치학에 연결하는 교두보를 제공한다. 파농의
사상을 그녀의 저항 정치학과 결합시키고 진보적 남성 지
식인의 사상과 여성의 해방 이론 사이에서 통용되는 이분
법을 거부함으로써 훅스는 몇몇 유럽-미국 문학 비평과
페미니스트 문화 연구가들의 반인종주의와 반자본주의

구호의 편협성과 결정에 대한 힘 있는 설명을 우회적으로 보여준다.

처음부터 파농은 그 자신을 페미니스트라고 일컫지 않았다. 그의 이성애주의와 불분명한 동성애 혐오증이 진보적 페미니즘과 양립할 수 없다면 그를 페미니스트로 보는 것은 부적절할지도 모른다. 차라리 이 연구는 반인종주의 페미니스트 해방 이론과 실천에 관련한 그의 유용함과 마찬가지로 급진적 인본주의자로서 여성 해방을 위한 파농의 활동을 보여준다고 할 수 있다. 시작부터 『프란츠 파농 : 혁명가와 페미니즘』은 페미니즘에 관한 파농의 갈등을 필수적으로 새롭고 논쟁적인 방향에서 풀어간다. 여러 페미니스트 이론들과 반페미니스트, 반흑인 작가를 재고찰함으로써 이 책은 인종주의, 성차별주의와 자본주의에 깊이 뿌리박은 인간 소외와 억압적 실행에 대항하기 위해 결단하고 참여하는 의미에서 변형적 페미니즘으로 나아갈 것이다.

파농과
페미니즘의 갈등

프란츠 파농의 논쟁적이고 널리 읽힌 저서 『검
은 피부, 하얀 가면』은 현대 미국 문학과 문
화 연구 학계에서 자주 논의됐다. 이 책에서 마르띠니끄
출신의 정신과 의사, 혁명가이자 비판적 인종 이론가인 파
농은 여성 작가 마요뜨 까뻬시아에 대한 가장 냉엄하면
서도 설득력 있는 비판을 제기했다. 어떤 페미니스트 비
평가가 보았듯이 "전형적으로, 현대 독자들은 논할 가치
도 없는 명백한 성차별주의적 발언으로 파농의 논지를 평
가절하한다."[1] 그럼에도 불구하고 이 페미니스트 비평가

---

1 Gwen Bergner, "The Role of Gender in Fanon's *Black Skin, White Masks*,"
Publications of the Modern·language Association of America 110, no. 1

의 연이은 분석은 비전형성(atypicality)에 대한 암시적인 주장을 파농 비판의 중요한 전형으로 내세우고 있다. 왜냐하면 사실 그녀는 순전히 파농의 성차별주의를 깊이 각인시키기 위해 그의 비판 자체만을 걸고 넘어지기 때문이다.

그러나 여성에 관한 파농의 저작들—『식민주의의 쇠퇴』, 『아프리카 혁명을 향해』, 『대지의 저주받은 자들』, 『검은 피부, 하얀 가면』—을 철저하게 읽어보면 파농이 식민국가와 이들 공동체 내의 식민지 혹은 신식민지의 억압이나 성차별주의 지배의 다양한 형태 하에 존재하는 페미니스트 해방 이론과 실천의 중요한 틀을 제공하고 있음을 알 수 있다.

페미니스트들과의 갈등을 향한 서곡

인종적 자기 혐오감과 인종주의는 식민지 정책의 고유한 특징이다. 그리고 파농 학자들의 관점에서 볼 때, 인종주의와 식민주의의 현상학적인 연구를 통한 이러한 성향들의 일반적 특징들은 결점이라고도 할 만큼 분명하게 파농의 요청에 따라 정의되었다. 파농이 관찰한 바에 따르면, 언어는 인종주의와 인간 소외의 기본적인 매개물이다. 환자들의 말, 소설가들의 말, 아이들, 여성과 남성, 그리고 문어가 아닌 가장 친밀한 사회관계를 지배하는 앙띠유(Antilles)[2] 구어법은 파농이 인종주의적 문화와 식민화된 정신상태를 조명할 수 있게 했다.

언어가 인종차별을 받고 성적 대상물이 된 심리의 극적 상태를 드러낸다는 입장에서 파농은 피식민지인들의 언어를 면밀하게 관찰했다. 그리고 최근에 그와 그의 대표적 저서들이 유럽과 미국의 페미니스트 이론들과 문화 비평의 갈등 속으로 끌려들어 온 것이다.

중요한 작업들 중 하나로 다이애나 퍼스(Diana Fuss)와 코비나 머서(Kobena Mercer)와 같은 게이/레즈비언 문화 이론가들은 파농의 핵심 논의에서 동성애 혐오증(homophobia)과 이성애주의(heterosexism)를 발견했다.[3] 사실 파농은

---

2 역주_ 현재 서인도 제도의 대부분의 섬나라를 일컫는다. 영어식 발음은 앤틸리스.

3 다음 비평서들을 참고할 것. Diana Fuss, "Interior Colonies : Frantz Fanon and the Politics of Identification," *Diacritics*(Summer/Fall 1994) :

지속적으로 이성애주의적인 틀에서 관계들을 정립한다. 심지어 그는 『검은 피부, 하얀 가면』에서 "나는 한 남자가 다른 남자에게 '그는 정말 육감적이야' 라고 하는 것을 들을 때마다 역겹지 않을 수 없다"(201쪽)라며 논쟁적으로 동성애 혐오적인 발언을 서슴지 않는다. 같은 책의 주석 180쪽에서 보여주는 마르띠니끄의 동성애에 대한 그의 지식 혹은 무지는 확실히 파농의 성정치학이 갖는 진취적 면모와 오늘날 페미니스트들에 대한 그의 적절성을 재고하게 만든다. 그러나 나는 파농의 암시적인 동성애 혐오증이 여성 혐오증으로 번역될 수 있는지 확신할 수 없다. 더욱이 섹슈얼리티와 주체성에 관한 그의 공헌을 깎아내리는 위의 단점들을 캐내는 작업이 "퀴어 혁명 이론"(queer revolutionary theory)[4]으로 이어질지 또한 충분히 이해

20-39 ; Kobena Mercer, "Decolonisation and Disappointment : Reading Fanon's Sexual Politics," *The Fact of Blackness : Frantz Fanon and Visual Culture*, ed. Alan Read(Seattle : Bay Press, 1996) : 114-31.

4 그러나 그의 동성애 혐오증은 아직 샌프란시스코 연안 성주체성 모임(the Subjectivity of Sexuality group)과 같은 진보적인 마르크스 인본주의 레즈비언 페미니스트들이 퀴어 혁명 이론에 그의 저작을 쓰는 것을 그만두게 하지 못했다. 성주체성 모임에 의해 출판된 *Queer Notions : Thoughts on the Relationship of Sexuality to Revolution*을 참고할 것. 이 모임은 샌프란시스코 연안 『뉴스와 문학』(*News and Letters*)에 소속된 여성해방위원회의 부분이다. 위와 같은 진술은 Isaac Julien의 *Frantz Fa-*

할 수 없다.

파농의 "여성 혐오증"을 대변하는 직접적인 증거는 그의 첫 번째 저서인 『검은 피부, 하얀 가면』에 모두 담겨 있다. 우선, 그가 표준 대명사로 남성형을 주로 쓰는 점에 주목해 보자. 젠더와 섹슈얼리티의 엄격한 구성과 더불어 "그"("il"), "그를"("lui", "le noir"[5]), "인류"("l'homme") 등[6] 의 표현은 (흑인) 여성 주체들을 말소시키는 결과를 가져 온다. 두 번째로 들 수 있는 근거는 파농이 "대충 추려낸" (백인) 여성, 성심리학, 성폭력, 그리고 필연적으로 피학대 경향(masochistic)이 있는 듯이 (백인) 여성의 신경학적 영 역에서 그들의 섹슈얼리티를 특징지은 논의들이다.[7] 세

---

*non : Black Skin White Mask*에서 장황하게 다룬다.

5 Le noir는 특히 문제삼을 만하다. 책 전체에서 이 단어는 일반적으로 il 다음에 따라나와 흑인 남성을 뜻하는 말로 더 자주 사용되는데, 실제 로 이 말은 흑인들(the Black)을 가리킨다. 또한 파농은 사람(man)을 인본주의의 분명한 개념으로 드는데, 호미 바바(Homi Bhabha)가 적 절하게 제시하듯 남성이 대표하는 '사람' (MAN)은 페미니스트적 감 각에서는 반대할 만한 소지가 크다. 참고로, Anne McClintock의 *Impe-rial Leather : Race, Gender, and Sexuality in the Colonial Contest*(New York : Routledge, 1995)를 볼 것. 혹자는 학문분야와 매우 문제적인 번역상의 쟁점들을 간단히 무시할 수 없을 것이다.

6 역주_ 각각 남성 주어, 남성 간접 목적어, 남성 직접 목적어, 그리고 집 합적 남성을 의미하는 말이다.

7 다음 비평서를 참고할 것. Mary Anne Doane, "Dark Continents : Epist-emologies of Racial and Sexual Difference in Psychoanalysis and the Cin-

번째이자 가장 매도할 만한 근거는 마요뜨 까페시아에 대한 파농의 무자비한 비난이다. 이 점은 흑인 여성의 육체를 감시하려는 욕망이자 열등한 성적 질투라고 볼 수밖에 없는 가부장적 경향을 반영한다.

남성형 지시어들은 파농 시대 지적 글쓰기의 특징으로서『검은 피부, 하얀 가면』과 그 외 파농 전집 대부분에서 나타난다. 사회 이론에서 성적 차이와 이러한 차이의 무관심에 기인한 중성 지시어로서 쓰이는 남성적 언어와 관련한 화두에 침묵하는 것은 많은 페미니스트들이 붉은 깃발을 꽂아둘 수 있는 이유를 제공한다. 그러나 이같은 페미니스트들의 움직임은 역으로 억압과 압박의 은밀한 수단이며, 어느 정도 다른 이론적 담론의 상당 부분에서 발견되는 노골적인 편견 혹은 남성 편향적인 태도와 별 차이가 없다.[8] 나오미 쇼어(Naomi Schor)의 말을 빌리자면, "성적 차이에 관한 담론들은 남근 중심주의가 보여주는 마지막 혹은(다소 풀이 죽은 말투로) 가장 최근의 음

---

ema," *Femmes Fatales*(New York : Routledge, 1991), 209-48. 버그너 (Bergner)가 흑인 여성들에 대한 파농의 소개를 중요하게 다루려는 반면, 이 에세이는 파농이 백인 여성들을 대변하는 방식에 특히 주목한다.

8 Lois McNay, *Foucault & Feminism : Power, Gender, and the Self*(Boston : Northeastern University Press, 1992), 11-12.

모가 아닐까?"[9] 그러나 『검은 피부, 하얀 가면』이 임상 연구이며 동시에 실험적인 서사인 점은 인정받아야만 한다.

그럼에도 불구하고 파농이 페미니스트들의 갈등 중 하나인 젠더 문제에 관해 침묵했던 것도 아니고, 성적으로 무관심했던 것도 아니다. 더불어 『검은 피부, 하얀 가면』 혹은 다른 저작에 나타난 억압과 인간 소외의 남성적 패러다임들을 인용하는 파농이 남성 우월주의를 전적으로 다루었던 것도 아니다. 남성 우위론(masculinism)은 반페미니즘(antimfeminism)과 여성 혐오증(misogyny)과는 다르게 분류된다. 조이 제임스(Joy James)가 『재능 있는 열 번째를 넘어』(Transcending the Talented Tenth)에서 명시하는 바를 보자.

남성 우위론(masculinism)은 남성 우월주의(male superiority)나 사회의 엄격한 성 역할 구분을 분명하게 주창하는 것이 아니기 때문에 이것이 곧 가부장적인 이데올로기와 동일시될 수는 없다. 남성 우위론은 반여성주의 정치나 수사를 배제한 규범들로서 남성을 내세우는 가부장제의 전제조건만을 공유할 뿐이다. 페미니스트 정치학을 지지하는 남성들은 친페미니스트들로서 평등, 심지어 어떤 경

---

9 Naomi Schor, "Dreaming Dissymmetry : Barthes, Foucault, and Social Diference," *Men in Feminism*, ed. Alice Jardine(London : Methuen, 1987), 109. 이 부분은 맥네이(McNay) 의 *Foucault & Feminism*의 12쪽에도 언급된다.

우에는 여성 우월주의를 옹호할지도 모른다. … 그러나 가부장적인
의도가 없더라도 일부는 관습적인 성 역할을 되풀이할 수도 있다.[10]

파농의 더 정치적인 선언에 따르면, "혁명가"는 결코 전
체적으로 남성성을 띠지 않으며, 그의 의학 논문에 중요
한 여성성으로서 인식되는 "흑인 공포 신경증 환자"(neu-
rotic black-phobe)도 아니다. 파농은 흑인 공포증에 대한
비판적 평가를 식민화된 주체로서 남성과 여성에 두루
걸쳐 보여줄 뿐이다. 식민지의 유색 여성은 백인 남성의
사랑을 통해 인간성과 그 가치를 찾고자 한다. 또한 식민
지의 유색 남성은 그가 "백인 문명과 위엄"을 부여잡고
그 자신의 것으로 만들고 있다는 믿음에서 "백인 여성의
육체"를 애무한다(『검은 피부, 하얀 가면』, 63쪽).

　「흑인과 언어」(The Negro and Language) 장을 보면 남
성 지시어가 또다시 빈번하게 나타난다. 그러나 언어, 억
압과 성 차이에 관한 논의들, 더 자세하게 식민통치자의
언어현상과 대면할 때 유색인의 존재심리학적 콤플렉스
가 식민지의 여성에게 어떻게 드러나는지 해석한 페미니

10 Joy James, *Transcending the Talented Tenth : Black Leaders and American Intellectuals*(New York and London : Routledge, 1997), 36.

스트 비평들은 열등감이 피부색과 얽히는 과정을 파농이 지적한 바와 동일하게 밝혀낸다. 유색 남성이 **프랑스인과의 관계**(*devenir français*)를 원하는 것과 마찬가지로 피부색으로 인해 열위에 선 여성 또한 **프랑스인과의 관계**를 갈망한다.[11] 올바른 어구 표현과 음성 표현, 음악적인 음색과 "r"의 정교한 역할과 함께 분열이 일어난다는 것을 이해하기 위해서 마요뜨 까페시아가 쓴 『하얀 흑인 여자』의「"r"자를 삼키는 마르띠니끄인의 신화」(the myth of the r-eating Martinican)를 살펴볼 필요가 있다. 즉, 이 책의 여주인공은 외형에서 확정적이고 절대적인 변이를 거친다(『검은 피부, 하얀 가면』, 19쪽). 계속되는 파농의 주장을 보자.

> 고유 토착문화의 뿌리가 말살되고 사장된 데서 비롯한 열등감을 가진 모든 식민지인들은 문명국의 언어를 통해 그 자신을 마주본다. … 식민지인들은 그(녀)의 모국 문화의 기준을 얼마만큼 취하느냐에 따라 그(녀)의 미개 사회에서 벗어날 수 있다. 즉, 그(녀)는 이전의 미개 사회를 더 저버리는 만큼 더 백인 사회로 편입되는

11 Patrick Chamoiseau and Raphaël Confiant, *Lettres créoles : tracées antillaises et continentale de la littérature, 1653–1975*(Paris : Hatier, 1991). 그러나 이 여성이 언어를 통해서건 백인 남성의 사랑을 통해서건 백인 여성을 흉내낸다 할지라도 유색 여성을 향해 열려 있는 실제적인 출구는 남성적 진보를 향해 열린 문과는 판이하게 다르다.

것이다(18쪽).

따라서 자국의 주체성을 버리는 태도는 피식민지의 남성과 여성에 두루 걸쳐 있다. 이같은 행위는 사회 맥락에서 이해될 필요가 있다.

『검은 피부, 하얀 가면』은 소외된(기만당한) 유색 남성과 여성에 관한, 또한 "마찬가지로 소외된(속거나 속이는) 백인들"에 관한 정신병리학 논문이다(29쪽). 파농은 피식민지인들의 계급 차와 경제적 폐해(dis-ease)를 날카롭게 인식하고 열등감의 피부색화/내면화에 대한 분석 안에서 이를 재조명한다. 파농은 그의 연구의 문맥을 분명하게 정의하면서 배제, 표현과 동일시와 관련한 반대 주장들을 예견한 듯 보인다.

> 많은 흑인들이 다음과 같은 특성을 따라 그들 스스로를 발견하지 못할 것이다. 이것은 백인들에게도 마찬가지로 적용된다. 그러나 자기 분열과 성적 무능력이 지배하는 사회에서 외국인으로서 내가 느끼는 사실은 결코 백인들의 현실에서도 예외가 아니라는 데 있다. 내가 묘사하고자 하는 입장은 현실 그대로이다. 나는 셀 수 없을 정도로 여러 번 그들을 만났다(12쪽).

『검은 피부, 하얀 가면』은 확실히 그의 경험들과 관찰로부터 나왔다. 그리고 그의 연구와 심리 상담들의 구체성 때문에 파농은 흑인과 백인의 행동에 관한 전반적인 평가를 무시한다. 필연적으로 『검은 피부, 하얀 가면』은 대상을 되풀이하여 전형화(stereotypification)하는 대신에 이를 비판하고 나선다. 이같은 근본주의자 정신분석가는 연이어 주장한다.

> 이런 반대들에 대해 나는 우리의 연구 대상이 속기 쉬운 자들과 이들을 속이는 자, 소외된 이들이라는 점에 응수하는 바이다. 만약 흑인을 만나 자연스럽게 행동하는 백인들이 있다면 그들은 우리의 관찰 대상에 들지 못할 것이다. … 간단하게 말하자면, 인간적인 심리에 맞춰 자연스럽게 행동하는 정상적인 사람들과 병행하여 비인간적인 심리에 따라 병적으로 행동하는 이들 또한 있다. 이러한 인간의 존재가 우리 현실을 분명하게 결정짓고 있다는 사실은 쉽게 관찰된다(31-32쪽).

인종차별주의자, 성차별주의자, 자본주의자, 동성애 혐오자들은 부정할 수 없게도 우리 사회의 여러 현실적 단면들에 영향을 끼친다. 사회 공적 영역에서 뿐만이 아니라 개인 관계에서도 이들의 규범적이고 제도화된 입장은 혼란을 가중시킨다. 그러나 파농의 입장에서 볼 때, 이에 더하여 속고 속이는 과정들에 저항하는 흑인과 백인,

남자와 여자들이 있다.

파농의 문맥에 대한 우리의 논의를 페미니스트들에게 파농의 가장 논쟁적인 발언들, 즉 백인 여자, 성폭력과 흑인 공포증에 관한 첨예한 영역으로 넓혀보자.

파농의 주장대로라면 흑인 남성의 존재 자체와 접근의 결과로 그에게 강간당할 위험에 처했다고 믿는 백인 여성들은 한 마디로 신경증을 앓고 있다. 헤스나드(Hesnard)의 방법[12]에 따라 파농은 공포증이란 어떤 대상에 대한 걱정스러운 공포에 의해, 또는 접촉이 곧 성행위를 조직적으로 촉발시키는 것과 같은 염려를 자극하는 상황이 확장되면서 나타난 신경증이라 진단한다(154–56쪽). 흑인 남성의 편에서 강간하려는 가능성이나 욕망이 존재하지 않는다면 백인 여성이 느끼는 강간에 대한 두려움은 억압된 욕망이 보내는 일종의 신호인 것이다.

흑인의 육체가 흑인을 혐오하는 문화에서 불법적인 섹스와 폭력을 상징하는 문화적 표지로 여겨지는 상황에서 백인 여성이 보이는 강간에 대한 두려움을 섹스를 하고픈 욕망으로 본 파농의 해석은 다소 확대된 면이 없지

12 A. Hesnard, *L'univers morbide de la faute*(Paris : Presses Universitaires de France, 1949), 38.

않다. 그러나 우리는 여기서 퇴폐적이고 비정상적인 성심리를 가진 백인 여성에 대해 말하고 있다. 이같은 심리상태는 성적으로 탐욕스러운 검은 야수로서 흑인 남성 강간범에 대한 문화적 신화를 자극했다. 이 신화에서 흑인 남성은 "괴물이자 주(酒)신의 무리들이자 성감각적 희열의 영역으로 향하는 무형의 문을 지키는 파수꾼"이다(177쪽). 소설가 토니 모리슨(Toni Morrison)은 『술라』(*Sula*)에서 "통제 불가능한 페니스로서의 흑인 남성"을 조장한 백인 남성들의 관념과 흑인 남성 강간범에 대한 강박관념에 시달리는 백인 여성들의 흑인 혐오증 모두를 냉소적으로 묘사한다.

> 백인 남성들은 당신을 사랑한다. 그들은 그들 자신의 페니스에 대해서는 잊어버릴 만큼 당신의 페니스를 걱정하는 데 많은 시간을 할애한다. 그들이 하고 싶은 단 한 가지는 흑인의 은밀한 부분을 제거하는 것이다. 그리고 만약 그것이 사랑과 존경이 아니라면 나는 그게 무엇인지 모르겠다. 그러면 백인 여성의 경우는 어떠한가? 그들은 당신을 모든 침대 아래서 느끼기 위해 이 지구 구석구석마다 당신을 찾아다닌다. 나는 백인 여성들이 당신이 자신들을 덮칠까 두려워 저녁 여섯 시 이후에는 집 밖에 절대 나오지 않을 것을 알고 있었다. 이게 사랑이 아니고 뭔가? 그들은 당신을 보자마자 강간을 생각할 것이고, 만약 그들이 그렇게 갈구하던 강간을 당하지 못하면

그들은 자신들의 노력을 헛되게 만들지 않기 위해 어찌하였거나 비명을 질러댈 것이다.[13]

흑인 혐오증에서 기인한 불가능한 강간에 대한 끊임없는 공포는 욕망을 가리고 있는 인종주의적 문화의 영향이다. 모리슨이 "사랑"이라고 일컬은 것처럼 이는 욕망의 투사이다.

　파농이 재현한 백인 여성의 문화적 전형에만 매달릴 때 다시 한 번 그가 의문을 제기한 맥락은 무시된다.[14] 흑인들, 엄밀히 흑인 남성들을 마주쳤을 때, 정상적으로 행

---

13 Toni Morrison, *Sula*(New York : Plume, 1973), 103.
14 『검은 피부, 하얀 가면』에서 호미 바바(Homi Bhabha)의 서문 「파농을 기억하며 : 자아, 정신구조와 식민상황」(Remembering Fanon : Self, Psyche and the Colonial Condition)을 참고할 것. *Black Skin, White Masks*(London : Pluto Press, 1986). 우리가 파농이 "욕망의 대상"(object of desire)을 논하지 않았다는 바바의 주장을 어느 정도 믿는다 할지라도 우리는 결론적으로 파농의 분석을 옹호하는 방향으로 나아갈 것이다. 인종주의적 문화에서 백인 여성들은 역사적으로 흑인 남성의 욕망의 대상으로서 강간을 당할 수 있는 존재로 그려졌다. 그러나 이들 여성들은 동시에 흑인 남성과의 바람직한 관계를 맺지는 못했다. 백인성의 근저에 위치한 문화가 조장한 사회에서 백인들은 언제나 목적론적으로 욕망의 대상이다. 이러한 상황에서 흑인이 자신들을 욕망하고 강간할 수 있는 위험에 처해 있다는 잘못된 믿음에 빠진 어떤 백인 여성들은 흑인 남성의 존재와 관련하여 강간의 공포라는 흑인 혐오증과 망상증을 분명하게 드러낸다.

동하는 백인 여성이 있는 곳에서 많은 백인 여성들이 그
들 스스로를 발견할 수 없을 것이다. 우리가 수긍하듯 여
성 혐오 문화와 공존하는 반흑인 문화는 인종적·성적
위계질서와 지배구조를 고수하려는 욕망으로 가득한, 즉
구조적으로 병든 문화이다. 만약 이러한 문화에서 (백인)
여성의 심리상태가 이런 식으로 동화되고 속은(duped) 것
이라면, 피학대 경향은 문화적으로 파생된 중증 정신장
애의 명백한 지표라고밖에 볼 수 없을 것이다.

아마도 이 주제에 관한 가장 비판적인 페미니스트
들 중 하나는 논쟁적인 책『우리의 뜻에 반하여 : 남자, 여
자, 그리고 강간』(*Against Our Will : Men, Women, and Rape*, 1975)
의 저자인 수잔 브라운밀러(Susan Brownmiller)이다. 파농에
대한 브라운밀러의 이견은 흑인 남성과 백인 여성의 신
경증적 관계에 관하여 두 세대에 걸친 페미니스트 비평
의 흐름을 알려준다는 데서 구체적으로 다뤄질 필요가 있
다. 브라운밀러는 강간에 대한 자신의 생각을 일관되게
전개시키지 못한다. 나중에 앤젤라 데이비스의『여성, 인
종, 그리고 계급』(*Women, Race, and Class*, 1983)에서 인종주의
의 토대로 언급한「인종에 대한 질문」(A Question of Race)
장에서 저자는 스콧보로 소년들(The Scottsboro Boys)[15]이나
에멧 틸(Emmett Till)[16]의 예를 들면서 흑인 남성의 삶을

백인 여성이 대면하는 성차별적 지배의 무게 하에 재구한
다. 이에 더해 브라운밀러는 흑인 여성을 광기어린 백인
남성이 조작하는 진보적이지 못하고 인종차별적인, 그러
면서 쿠 클럭스 클랜(Ku Klux Klan)과 같이 성적으로 폭력
적인 사회 저변들의 희생자로 내세운다. 그러나 이 비평
가는 자신의 논의를 뒤집으며 위의 장과『우리의 뜻에 반
하여 : 남자, 여자, 그리고 강간』전체를 아울러 성폭력의
실제적이고 압도적인 희생자는 백인 여성이라고 주장한
다.

　　파농 자신의 의학적 연구와 더불어 정신분석학자
헬레네 도이취(Helene Deutsch)와 마리 보나빠르뜨(Marie
Bonaparte)의 저작들로부터 방대하게 생각을 정리한 그를
조롱하듯 파농을 "신좌파의 애인"(the darling of the New
Left)이라고 일컬으면서 브라운밀러는 다음과 같이 쓴다.

---

15 역주_ 1930년 미국의 알라바마 주 스콧보로 시에서 일어난 사건으로
　아홉 명의 흑인 소년들이 두 명의 백인 여성을 성폭행했다는 혐의로
　구속됐다. 그 중 한 명은 후에 고소를 취하하였으나 네 번에 걸친 재
　판에서 전원 백인으로만 구성된 재판관들은 범죄 증거가 불충분함에
　도 불구하고 이 소년들에게 사형 선고를 내렸다. 이 사건은 후기 재건
　시대에 만연한 인종차별의 비극으로 거론된다.

16 역주_ 시카고 태생의 흑인 소년 에멧 틸은 열 네 살이던 1955년 미시
　시피 주의 머니 시에서 잔인하게 살해됐다. 그의 억울한 죽음은 후에
　흑인 시민운동을 촉발시키는 계기가 된다.

강간은 파농의 모든 저작에서 기인한 잠재된 주제로 흐른다. 정신과 의사이자 식민지 출신의 학생으로서 파농은 이 세계가 알제리와 앙띠유의 여성 원주민을 억압하는 수단으로 강간을 이해하는 데 핵심적이고 근원적인 기여를 한 데서 훌륭한 위치를 차지한다. 그러나 파농이 (강박증과도 같이) 다시 되돌아가곤 하는 그의 관심은 바로 남성 원주민과 백인 여성에 관한 것이다. 그는 『검은 피부, 하얀 가면』의 서문에서 "누가 뭐라든지 강간은 흑인을 가리킨다"며 이미 마리 보나빠르뜨와 헬레네 도이취가 제시한 **백인** 여성의 피학대 경향을 그의 초프로이드적인 "흑인이 나를 강간하려 한다"는 이론으로 병적인 재탕을 한다. … 순전히 그리고 간단하게 제3세계 해방 운동에 관여한 이 급진적 이론가는 여성 혐오자일 뿐이다.[17]

브라운밀러의 주장은 부정확성과 과도한 단순화, 그리고 편향된 해석 투성이로 얼룩져 있다. 프로이트나 보나빠르뜨, 도이취의 입장에서, 혹은 그녀의 동시대인 낸시 프라이데이(Nancy Friday)가 『나의 비밀 화원』(*My Secret Garden*)[18]에서 흑인 남성 강간범에 대한 백인 여성의 고정관념이나 환상들을 밝히고 있는 상황에서 이 비평가의 분노

---

[17] Brownmiller, *Against Our Will : Men, Women, and Rape*(New York : Bantam, 1975), 249–50.

는 지나치게 과열된 비난으로 보인다. 정확하게 「흑인과 정신병리학」(The Negro and Psychopathology) 장에서 파농은 인종, 강간과 섹슈얼리티와 관련하여 백인 여성의 신경 증을 구체적으로 분석한 바 있다. 파농이 감행한 이러한 분석은 딜레마의 핵심으로 나타난다. 말하자면, 브라운 밀러에게 있어서 하나의 장으로 이를 설명하기에는 그 분량이 너무 많음에도 불구하고 그녀는 파농의 논의가 강박적이라고 성급하게 해석한다. 파농은 곧 병적인 변태 이며, 강박적으로 강간에 몰두한 자이고, 곧 혁명가이면서 도 강간을 용인하는 자이기도 한 것처럼 브라운밀러는 『검은 피부, 하얀 가면』을 엘드리지 클리버(Eldridge Cleaver)[19]의 『얼음 위의 영혼』(*Soul on Ice*)과 동급으로 다룬다. 그러나 타자의 육체와 영토를 남성성과 여성성의 관점에 서 정복하고 침투한 유럽 식민개척자들에 의해 식민사업 자체는 구현되지 않았던가?

　　『검은 피부, 하얀 가면』, 『식민주의의 쇠퇴』, 『대지의

---

18 Nancy Friday, *My Secret Garden*(New York : Trident, 1973).

19 **역주_** 클리버는 흑인 시민운동을 지휘하고 흑표범당(Black Panther Party)을 창설한 흑인 인권운동가이며 소설가이다. 그러나 그의 소설 은 흑인 남성에 의한 흑인 여성 혹은 백인 여성의 강간과 폭행으로 얼 룩져 있어 끊임없는 논쟁을 불러일으켰다.

저주받은 자들』에서 파농은 말라가시, 알제리, 그리고 앙띠유 여성들에게 일어난 남성들의 폭력과 특권들을 구체적으로 묘사하려는 데 보통 이상의 노력을 쏟아부었다. 실제로 『아프리카 혁명을 향해』의 경우, 파농은 알제리 민족해방전선 회원인 쟈밀라 보이레(Djamila Bouhired)와 알제리의 사춘기 소녀의 강간과 고초를 식민 공포정치와 성적 억압의 최악의 경우로 다루면서 프랑스 식민정부의 고문과 폭력에 관한 장대한 논의를 제공한다.[20] 브라운밀러가 보여주는 방식대로 파농이 식민지의 여성들에 대한 식민지의 억압형태로서의 강간을 보지 못했다는 주장은 결국 그 자체로 의문스럽다.

　브라운밀러는 더 나아가 알제리의 프랑스 식민화에 의해 발생된 정신혼란에 관한 사례 연구를 인용하여 파농의 "여성 혐오증"을 부각시킨다. 브라운밀러에 따르면, 파농은 강간이 "제3세계의 남성을 거세시키려는 간사한 식민화 음모"라고 해석한다.[21] 『우리의 뜻에 반하여 : 남자, 여자, 그리고 강간』은 어떤 알제리 여성의 남편에게서

---

20 Fanon, *Towards the African Revolution*, chapters 2-3 of section 4 : Algeria Face to Face with French Torturers and Concerning a Plea.

21 Brownmiller, *Against Our Will : Men, Women, and Rape*, 250.

발견된 강간의 후유증들(발기부전, 불면증, 우울증, 폭력 충동)
을 다룬 파농의 연구를 그 근거로 제시한다. 파농은 이런
식으로 진술한 적이 없다. 더불어 파농은 식민지 정책에
있어서 강간의 이슈가 갖는 복잡한 면을 파악했다. 강간
은 한 알제리 여성의 인간성을 직접적으로 파괴함과 동
시에 알제리 집단을 무기력화하는 기능을 수행한다. 앤젤
라 데이비스는 그녀의 논문 「노예 공동체의 흑인 여성의
역할에 관한 재고」(Reflections on the Black woman's Role in the
Community of Slaves)에서 "정치 형국에서 흑인 여성의 강
간은 그녀에 대한 배타적인 공격이 되지 못한다. … 그 여
성을 둘러싼 성전(性戰, sexual war)이 시작되는 순간 그녀의
주인(백인 남성)은 노예 공동체에서 매우 중요한 인물을 넘
어선 그의 통치권을 주장할 것이며, 그는 또한 흑인 남성
에 대항한 강타를 노릴 것이다"[22]라며 브라운밀러가 분
명히 놓친 바를 관찰한다.

　　파농은 마르띠니끄에서 정신과 치료를 실행하지 않
았기 때문에 식민지의 강간과 비교하여 앙띠유 여성들의

---

22 Davis, "Reflections on the Black Woman's Role in the Community of
Slaves," *Words of Fire : An Anthology of African-American Feminist Tho-
ught*, ed. Beverly Guy-Sheftall(New York : The New Press, 1995), 213.

삶에서 나타난 성적 혼란들을 정신병리학적 입장에서 직접적으로 관찰한 기회를 갖지 못했다. 그가 알제리의 블리다에 있는 병원에 도착했을 때, 그의 환자 대부분은 이슬람교 남성이거나 유럽 여성들이었다. 『대지의 저주받은 자들』에서 파농의 정신분석학적 관찰들은 알제리 병원의 탈식민화된 정신병리학으로부터 상당 부분 추론되었을 수 있다. 이러한 한계에도 불구하고 1956년 8월 30일 보르두(Bordeaux)에서 열린 제54회 "프랑스와 프랑스 언어권 국가의 정신의학자와 신경의학자 학회"(the Congrès des médicines aliéniste et neurologues de France et des pays de langue françaises)에서 파농과 정신과 의사 찰스 제로미니(Charles Geromini)는 「이슬람 여성에 대한 회화통각 검사 : 관념과 상상에 대한 사회학」(Le T.A.T. chez la femme musulmane : sociologie de la perception et de l'imagination)이라는 논문을 가지고 이슬람 여성의 정신병리학적 연구를 발표했다.

　알제리 여성이 광범위하게 강간당하고 또한 이 사실이 잘 알려졌다 할지라도 여성 공동체 안이 아니라면 강간의 문제가 여성에 의해 공개적으로 논의되는 일은 거의 없었다. 전쟁 중 외국인에 의해 이러저러한 방식으로 날마다 모욕을 당하는 데 익숙한 여성들에게 강간은 피할 수 없는 것이었다. 특히 1950년대와 1960년대 이슬람 여성들은 심각한 불명예에 대한 침묵과 감정만이 대응방식이었다. 파농이 『식민주의의 쇠퇴』에서 기술하는 바는 다음과 같다.

> 한 여자가 군인들에게 끌려갔다가 일 주일 뒤에 돌아왔다. 그녀가 자신이 열댓 번이 넘게 폭행당한 것을 이해했는가의 문제는 중요하지 않다. … 한 아내가 프랑스 군의 캠프에서 2주를 보내고 돌아왔을 때 그 남편이 그녀를 맞으면서 배고프지는 않냐고 물으며 그에게 인사하는 그녀의 시선을 줄곧 피한다. … 이런 일들은 매일같이 일어난다(119쪽).

튀니지의 변호사 지젤 할리미(Gisèle Halimi)는 프랑스 군인들에 의해 병으로 강간·폭행당한 알제리 인권운동가 쟈밀라 보파차(Djamila Boupacha)를 변호했다. 이 변호사는 『여성의 대의』(La Cause des femmes)에서 그녀의 의뢰인이 강압적인 강간으로 초래된 불명예에 대한 생각에 극도로 강박되어 있었다고 말한다. 순결은 가장 중요한 덕목이므로 이슬람교도로서 이 오점은 그녀가 결혼을 할 수 없는 상태로 끌어내릴 수 있었다. 그녀는 자신의 몸을 덮은 담배로 지진 자국이나 상처보다는 처녀라는 그녀의 신분을 더 걱정했다. 보파차는 여성의 몸이 문화적 금기로 여겨진다는 것만을 알려준 채 결국 자신의 몸이 망쳐

져 버렸는지 알기 위한 산부인과 검진을 요구했다.[23]

레바논 페미니스트 이블린 아카드(Evelyne Accad)는
이슬람 여성의 육체, 섹슈얼리티와 욕망과 관련하여 문
화와 문화의 결과인 동시대 아랍 여성들의 침묵을 그녀
의 저서 『섹슈얼리티와 전쟁 : 중동의 문학적 가면』(*Sexu-
ality and War : Literary Masks of the Middle East*)에서 주목한다. 이
문제에 관한 아랍 페미니스트 일함 벤 밀라드 벤 가디파
(Illham Ben Milad Ben Ghadifa)의 논의를 부연하면서 아카드
는 "침묵은 월경, 처녀성, 자위행위, 전반적인 쾌락, 낙태,
출산과 전체적으로 여성의 육체와 관련한 모든 문제들을
지배한다. 더욱이 여성들은 성적 이슈와 연관된 어떤 것
에도 침묵하려 한다"고 말한다.[24] 만약 이런 침묵이 동시
대 아랍 여성들을 괴롭히고 심지어 여성들 스스로가 이
문제에 관한 검열을 자행한다면 1950년대와 1960년대에

---

23 Rita Maran, *Torture : The Role of Ideology in the French-Algerian War*
(New York : Praeger, 1989), 161-69. 다음의 자료도 참고할 것. Hal-
mini, *La Cause des femmes* (Paris : Grasset, 1973), 29, 35, 38-40, 75 ; Val-
erie Orlando and Shrpley-Whiting, *The Djamila Boupacha Committee and
the Women's Cause : Algerian Feminist Resistance/French Women's Activism-
Djamila Boupacha, Simone de Beauvoir, Gisèle Halimi, Germaine Tillon*
(manuscript).

24 Accad, *Sexuality and War* (New York : New York University Press, 1991),
21.

나타난 성문제에 대한 침묵의 규범을 쉽게 떠올릴 수 있으며, 결과적으로 파농 역시 알제리 여성의 성생활과 성적 신경증을 광범위하게 연구하는 데 장애를 겪었을 것이다.[25]

이미 서론에서 밝혔듯이, 백인 문화와 서구 진영에 관련하여 파농이 보여주는 페미니즘상의 갈등은 파농의 한 저작에서만 발견되는 것은 더욱이 아니다. 마리 아이메 헬리 루카스와 같은 아랍 페미니스트 운동가 역시 여성 해방과 알제리 독립에 대한『식민주의의 쇠퇴』이후 파농의 30년을 추적한다. 유럽과 미국의 페미니스트 문학 비평가들과 문화 비평가들이『검은 피부, 하얀 가면』에 주목했다면, 아랍권의 페미니스트들은 그들 비판의 초점을 파농의 더 정치적이고 구체적인 문화에 대한 논의를 열은『식민주의의 쇠퇴』에 둔다.[26] 그럼에도 불구하고 혹평

---

25 심지어 오늘날 미국 여성도 그들의 육제와 욕망에 대해 좀 더 공개적으로 애기할 수 있을지라도, 종종 성폭력을 겪었을 때 남성 검진의나 경찰에게 이같은 폭력을 설명하기란 쉬운 일이 아니다. 이 결과로 강간 피해자 치료 센터에 더 많은 여성 검진의를 두고 성범죄 관할구에 여성 경찰을 더 고용하는 추세이다.

26 최소한 두 명의 유럽 미국계 페미니스트 문학 비평가들이『식민주의의 쇠퇴』를 분석했는데, 그 둘이 바로 앞서 언급했던『제국의 겉면』(Imperial Leather)을 쓴 앤 맥클린톡(Anne McClintock)과 「식민지의 내부」(Interior Colonies)의 다이애나 퍼스(Diana Fuss)이다. 퍼스는

하는 입장은 매우 다르다. 다시 말해서, 파농이 여성 혐오
자인지 또는 반여성 해방주의자(antiwomen's liberation)인지
하는 비난은 일관적으로 이뤄지지 않는다. 파농이 묘사
한 알제리 혁명기의 여성 자유 투쟁가들 때문에 알제리
페미니스트 헬리 루카스가 그를 "신격화"(mythmaking)한
점이나, 여성들이 경험한 성차별을 가려버리는 외형적 요

흉내내기라는 탈구조주의적 틀에서 구체적으로 「베일을 벗은 알제
리」(Algeria Unveiled)의 텍스트 층위를 풀어낸다. 그녀는 또한 파농
의 여성 혐오증이 마요뜨 까페시아의 질문상에 있다는 것을 언급한
다. 이 논문의 문제점은 특별히 흑인의 신경증을 이해하기 힘든 정신
분석학에 대한 파농의 모호한 입장에도 불구하고 이 논문이 파농을
정신분석학적으로만 읽으려는 데 있다. 게다가 퍼스는 파농이 정신
분석학자가 아닌 정신과 의사였던 순간에, 즉 그가 정신분석학을 시
도하지 않았던 때, 관찰 대상(analysand)에 관한 정신분석학적 논의
안에서 파농의 『대지의 저주받은 자들』이 파농의 식민상태에서 벗
어나기 위한 처방전이라고 주장한다. 동일하게, 문제는 알제리인들
의 흑인 정체성을 『검은 피부, 하얀 가면』이 다루고, 『대지의 저주받
은 자들』의 정신 의학이며, 『식민주의의 쇠퇴』의 텍스트상의 은유로
다뤄진 흑인 주체와 정신분석학 사이에서 연관성을 찾기 위한 시도
를 하는 알제리인에게 투영되어 인종적 구체성이 무시되었다는 점
이다. 다른 한편, 맥클린톡의 「파농과 젠더 수행자」(Fanon and Gender
Agency)는 여성 수행자의 입장에서 「베일을 벗은 알제리」와 「알제리
가족」(The Algerian Family)에 나타난 단점과 모순들을 다층적이고
심도 있게 보여준다. 맥클린톡과 헬리 루카스는 극단적인 두 관점을
제시한다. 맥클린톡이 파농은 여성 수행자를 전면으로 부정한다고
주장하지만, 헬리 루카스는 파농이 여성 수행자를 찬양하면서 어느
정도 성적으로 불평등한 현실을 감추어 과장했다고 단언한다. 내가
논의를 꺼내겠지만, 이들 두 입장 사이의 중간을 고려해 볼 필요가 있

소들을 혁명을 위해 사용한 점에서 파농은 차라리 비난받
아야 할 듯도 하다. 또한 그는 여성들을 베일을 써야 하는
전통의 수호자로 격하시키는 문화를 정적인 태도로만 접
했기 때문에 이집트 페미니스트 머뱃 하템(Mervat Hatem)
은 파농의 보수적 성향을 비난한다.[27] 더 나아가 모로크의

다. 맥클린톡은 여성이 수행자로 나서는 부분이 파농의 텍스트 어디
에서 발견될 수 있느냐고 의문을 던진다. 이 비평가에 의하면, 파농의
글쓰기는 민족혁명 이전의 페미니스트 저항을 부정하고 남성적 투
쟁의 일부분으로 간주함으로써 그는 이성애적 혁명 가족의 경우를
들어 이성애주의를 재생산하는 것이다. 사실 파농은 가부장제 하에
서 아랍 여성들의 오래 지속된 저항을 언급하지 않으면서도 남성적
투쟁을 통해 여성들의 저항을 걸러내지도 않았다. 투쟁에 가담한 여
성들의 움직임은 다양한 층위에서 이뤄졌으며, 파농은 다만 알제리
여성들이 언제나 투쟁에서 활동적이었기 때문에 모든 여성의 활동
을 남성적 투쟁과 같이 해석했을 뿐이다. 더욱이, 파농은 역사 안에서
역동적인 외형, 성을 구별하는 이런 외형을 부정하지 않는다. 맥클린
톡이 결정적 수행 이론(designated agency theory)을 세우고 이 이론을
구명하기 위해 파농의 맥락 밖으로 끄집어낸 인용들은 너무 방대해
서 일일이 인용할 수는 없다. 이 비평가가 파농의 저작에서 인용한
상당 부분을 자신의 페미니스트 이론화 작업과 결합시키는 과정에
서 『식민주의의 쇠퇴』에 대한 그녀의 비평은 파농을 선택적으로 이
용하였으며, 그럼으로써 파농의 분석을 왜곡하였다는 점만을 여기
서 밝혀둔다. 남성의 관점에서 파농의 성정치학에 관한 뛰어난 논의
는 다음의 자료를 참고할 것. 다음의 저자는 파농의 저작과 이들의
극적인 전환점들을 매우 치밀하게 분석한다. Ato Sekyi-Oto, *Fanon's
Dialectic of Experience*(Cambridge and London : Harvard University Press,
1996).

27 Mervat Hatem, "Toward the Development of Post-Islamist and Post-

페미니스트 파티마 머니시(Fatima Mernissi)는 『베일 너머 : 근대 이슬람 사회에서 남성과 여성의 역학관계』(*Beyond the Veil : Male-Female Dynamics in Modern Muslim Society*)의 한 주석에서 파농은 인간의 권리를 차별하고 혁명적으로 주창하는 점에 대해서는 민감하게 반응하지만, "이상하게도"(curiously) 남성이 길거리에서 베일을 쓰지 않은 알제리 여성 혁명가들에게 말 거는 것을 "웃기게"(funny) 여겼던 경우를 언급한다.[28]

파농의 저작이 흑인 유물론 페미니스트들을 지속적으로 끌어들이면서 미국 흑인 페미니스트 벨 훅스는 파농이 사용하는 남성적 패러다임에 관해 문제를 제기한다. 이에 훅스는 대안적으로 이러한 패러다임이 『페미니

Nationalist Feminist Discourses in the Middle East," *Arab Women : Old Boundaries, New Frontiers*, ed. Judith Tucker(Bloomington : Indiana University Press, 1993), 29-48.

28 Mernissi, *Beyond the Veil : Male-Female Dynamics in Modern Muslim Society*(Bloomington : Indiana University Press, 1987), 191, n. 22. 머니시는 다음과 같이 쓴다. "파농이 이 상황을 '웃기게' 봤다는 것은 흥미롭다. 파농처럼 인간 권리를 혁명적으로 주장하려는 정신과 차별에 대해 민감하게 반응했던 사람이라고 생각하기에 위의 진술은 다소 혼란스럽다. 파농은 『식민주의의 쇠퇴』에서 여성이 조용히 서 있는 상황을 피해야 하는 지루한 몇 분 동안은 별 주목을 받지 못하는데, … 웃기면서 동시에 연민이 가는 경우가 적지 않다"(53쪽).

스트 이론 : 주변부에서 중심으로』(*Feminist Theory : From Margin to Center*)에서 설명되듯 "성차별적"이며 논문 「끊임없는 역사비평으로서의 페미니즘 : 사랑은 무엇을 할 수 있는가?」(Feminism as a persistent critique of history : What's love got to do with it?)에서는 "가부장적"이라고 지적한다.[29] 나이지리아의 후기 구조주의 페미니스트 아미나 마마(Amina Mama)는 파농의 "유아기로 퇴보한(授乳, lactification) 이론은 내포적으로 흑인들을 병자로 취급하는 것"이며, "그는 프랑스와 앙띠유에서 만난 흑인 여성들을 전형화한다"고 주장한다.[30]

파농 비평에서 구체적으로 나타난 복잡한 입장들 때문에 나는 다음 두 용어 "갈등"(conflicts)과 "페미니즘"(feminisms)을 본문에서 복수(複數)로만 언급한다. 성평등과 여성 해방이 여러 페미니즘들의 움직임 저변에 있을 때, 페미니스트 이론과 실제로부터 온 파농에 대한 전체적인 비난 혹은 저주와 마찬가지로 여성 해방에 있어 유

---

29 Read, *The Fact of Blackness*, 77–85.

30 Amina Mana, *Beyond the Masks : Race, Gender, Subjectivity* (New York : Routledge, 1995), 142, 147. 그럼에도 불구하고 심리학과 흑인 주체성에 관한 마마의 논의는 광범위하게 파농으로부터 온다. 위 제목이 보여주듯 그녀는 파농이 제기한 가면(the masks)을 넘어서고자 한다.

용한 파농의 사상들을 접하려는 자세는 이론적인 논의들과 맥을 같이 한다. 즉 인종, 진보적 근본주의와 이에 대항한 반동적 자유주의, 그리고 민족주의와 근본주의의 억압적인 가부장적 역학관계 또한 이들 이론적인 논의들에 포함될 수 있다. 사실, 페미니스트들과 파농의 갈등이 존재하면서 동시에 유럽과 미국의 진보적 페미니즘 문학 비평, 미국의 급진적 흑인 페미니즘, 그리고 알제리 민족주의 페미니즘, 내가 고찰하려는 이들 세 입장들의 시각을 통해 볼 때 페미니즘 안에 이데올로기상의 간극 역시 공존한다. 요약하자면, 파농이 페미니스트 이론과 연관되는 방식과 순간들에서 곧 위의 갈등들이 표출되고 있으며, 이데올로기와 인종, 그리고 민족주의와 동시대 근본주의의 논쟁들이 분명하게 밝혀질 것이다.

유럽과 미국의 진보적 페미니즘 문학 비평

앞부분에서 나는 유럽과 미국의 페미니스트 문학 비평가들이 파농과 어떤 갈등양상을 갖는지 구체적으로 설명했지만, 이데올로기와 인종에 관해 앞서 언급한 매개변수의 측면에서 본 갈등들을 간단하게 정리할 필요가 있다. 많은 유럽과 미국의 페미니스트 문학 비평가들이 까페시아의 소설을 읽지 않았거나 파농이나 까페시아 둘 중 한 사람의 글만을 읽었다는 명백한 점을 처음부터 밝혀두자.[31] 따라서 파농의 식민지 성심리 이론들을 까페시아의 관점에서 모두 "여성 혐오적"인 것으로 매도하는 자세는 특히 다시 평가할 필요가 있다.

여러 비평서들 가운데 유난히 두드러지고 다소 문제시되는 부분은 재생되는 반흑인 남성적 편견(antiblack male bias)이다. 페미니스트 문학 비평가들은 파농을 "여성 혐오자"로 맹렬하게 비난하듯 무분별하게 남성 우월주의자를 전유하고, 심지어 때때로 프로이트, 라캉, 푸코와 니체의 인종주의적이고 성차별적인 사상들을 악의적으로

---

31 예를 들어, 리드(Read)가 편집한 문학전집 『흑인성의 진실』(*The Fact of Blackness*)에 나온 문화/젠더 연구 비평가들을 참고할 것. 더불어, 베르헤스(Vergès), 롤라 영(Lola Young), 마티나 애틸(Martina Attile)과 영의 해석에 전적으로 따르는 코비나 머서(Kobena Mercer)의 담화나 글들을 참고할 것. 베르헤스는 아이작 줄리앙의 영화에서 과델로프 출신 작가 마리스 꽁데(Maryse Condé)의 해석을 인용한다. 롤라 영이 간단하게 파농의 여성 혐오증을 까페시아의 반페미니스트 텍스트들에서 나온 그리 많지 않은 인용으로 읽어내고, 마티나 애틸은 소설이 도움이 되지 않는다는 근거 없는 주장을 펼친다. 같은 경우로, 위 문학전집에서 연구된 문학 비평가 도안(Doane), 버그너(Bergner)와 앤드레이드(Andrade)는 소설에 나타난 파농의 선택적인 인용을 제외하고서라도 까페시아의 작품에 대한 친밀감을 보여주지 않는다.

그들의 페미니스트 이론화 작업에 끌어들인다. 결국 이들 문학 비평가들은 『검은 피부, 하얀 가면』이나 『나는 마르띠니끄인이다』, 그리고 『하얀 흑인 여자』와 같은 텍스트에서 인종적·성적·경제적인 복합성들을 읽는 기본 구조 안에서 반인종주의와 반자본주의의 접합점을 찾지 못하는, 이른바 편향된 페미니스트 정치학만을 도모하는 양상으로 나타났다.

이데올로기상에서 페미니스트 문학 비평가의 편향성은 "여성 중심"(gynocentric)의 자유적 신념과 상관이 있다. 페미니스트 철학자 아이리스 영(Iris Yong)의 설명에 따르면, 여성 중심의 페미니즘은 "여성의 경험이 폭력과 개인주의를 칭송하는 남성적 문화에 의해 과소평가되고 억눌려 온 현실이 바로 여성에 대한 억압"이라고 정의한다.[32] 마찬가지로 사회 정치이론가 로날드 드워킨(Ronald Dworkin)은 자유주의자(the liberal)를 "더 선호되는 선택들이 제도적·사회적으로 강요됐다는 사실로부터 특별한 한 개인의 요구를 보호하려고 노력하는 이"로 간주한다.[33] 그

---

32 Iris Young, *Throwing Like a Girl and Other Essays in Feminist Philosophy and Social Theory*(Bloomington : Indiana University Press, 1990), 74.

33 Dworkin, "Liberalism," *Liberalism and Its Critics*, ed. Michael Sandel (Oxford : Blackwell, 1984), 78.

러나 여성 중심의 자유주의에서 페미니즘의 이러한 과민 반응은 이들 분석의 과도하게 결정적인 힘들을 오직 젠더나 성차이로만 여기는 데서 온다. 다시 말하면 이들 페미니즘 역시 반인종주자, 반여성 성차별주의자, 반자본주의자의 기반에서도 마찬가지로 결여된 것처럼 반동적 정치에 시비를 거는 탐구 없이 오히려 이들 정치구조에 의존함으로써 가부장적 공격의 형태를 그대로 답습한다. 따라서 이러한 여성 중심의 자유주의 페미니즘은 여성의 경험을 공유하고 엮어 억압의 체제에 도전하고 근절할 방안을 모색하자는 급진적 인본주의의 영역까지 아우른 자유주의는 아니라고 봐야겠다.

이같은 방대한 학자적 노력을 낳은 참여자들은 파농을 흑인 민족주의의 정도를 벗어난,[34] 게다가 자신의 부인도 프랑스인이면서 흑인 여성과 백인 남성의 경우처럼 인종 간 관계에 반대했던 반여성, 특히 반흑인 여성주의자(antiblack female)로 몰고 갔다.

---

34 Read, *The Fact of Blackness*, 103–13.

알제리 민족주의 페미니즘

국가 독립을 위한 알제리인들의 성공적인 투쟁에서 여성의 혁명적인 역할은 대부분 역사가들과 작가들의 판단에서 볼 때 헤아릴 수 없다. 민족주의자들로서 알제리 여성들은 고유한 문화가치와 신념체계를 갖춘 자주적 위치에서 그들 국가의 주권을 위해 헌신적으로 싸웠다. 그들은 페미니스트들로서 정치경제적으로 해방된 알제리, 새로운 알제리를 향한 자신들의 참여가 억압된 젠더 관계에서도 새로운 개념을 가져올 것이라고 믿었다.

그러나 알제리 독립 전쟁은 민족에 대한 개념, 즉 민족주의와 여성 해방의 페미니즘이 같이 나아갈 수 없다는 확실한 전례로 남았다. 톰 내른(Tom Nairn)에 따르면, 국가 형성의 시작부터 진보와 후퇴, 정치적 이성주의와 비이성주의를 모두 되새기게 하듯 "국가는 현대의 야누스"이다.[35] 국가는 문화로 세운 구성체이기도 하면서 동시에 정치적 조직이다.[36] 문화적 구성체로 보자면, 국가는

---

[35] 호미 바바가 편집한 다음 책의 서문에서 인용함. Bhabha, *Nation and Narration*(London and New York : Routledge, 1990), 2.

그것의 정체성을 유지하는 데 문화적으로 고유하고 전통적이고 도움이 될 만한 확실한 사상들과 가치들을 저변에 깔고 발전시킨다. 알제리 여성들이 이들 문화적 정체성의 전승자들이자 전통의 계승자들로 여겨졌기 때문에 그들은 국가와 민족주의의 담론에 속박되게 된 것이다. 이같은 담론은 알제리 여성들이 현대로 나아가려는 움직임을 방해하고 이들의 자유와 주체성, 즉 그들의 권리를 부정한다. 특히 가족, 여성의 섹슈얼리티와 육체에 관한 문제는 가장 엄격하고 억압적인 민족규범과 동시에 젠더 문제가 수면 위로 떠오르지 않도록 통제하는 제도에 부딪힌다.

이 가운데 알제리 민족주의 페미니스트들의 딜레마가 놓여 있다. 그들은 독립 알제리를 위해 싸우고 목숨을 잃었기에 알제리의 독립을 위한 민족주의 이념에서 자유로울 수 없다. 그러나 그들은 또한 민족 개념이 내포하는 반동적 성격에 말 그대로 속박당했다. 이에 모니끄 가당 (Monique Gadant)은 다음과 같이 설명한다.

---

36 다음 자료를 참고할 것. Hagen Schulze, *States, Nations, and Nationalism : From the Middle Ages to the Present* (Cambridge : Blackwell, 1996).

여성들은 신속하게 민족주의를 받아들이도록 요구받고, 이에 투쟁하다 종국에서는 민족이념의 덫에 걸려든다. 민족주의는 여성 해방을 향해 나아가기 위해 여성들이 필요로 하는 정치적 자유나 경제적 진보의 불가피한 단계로 보일지라도 이들 기대보다 더 빈번하게 보수적인 양상을 띤다. … 알제리 여성의 예를 보더라도 이들의 모든 참여가 반드시 여성의 권리를 가져오지 않았음을 알 수 있다. 해방 전쟁 이후 자란 여성 참여자들의 관점에서 보자면 사실 아무런 진보도 없었다.[37]

여기서 말할 수 있는 최소한의 사실은 알제리 여성들에게 민족주의와 페미니즘 사이에서 제 길을 모색하는 작업이 매우 어려웠다는 점이다.

알제리 페미니스트 마리 아이메 헬리 루카스는 1939년 생으로 1954년 해방운동이 시작되기 전에 태어난 여성 세대에 속하며, 젊은 시절 혁명운동을 위해 싸웠고 전후에는 여성 해방을 위한 격렬한 투쟁을 계속 이어갔다. 알제리 민족주의의 가부장적 굴곡들을 목격하는 가운데 헬리 루카스는 알제리 민족성을 신뢰하면서도 바로 이러

---

37 다음의 책에서 재인용했음. Evelyne Accad, *Sexuality and War*, 18.

한 민족성을 발생시키는 것처럼 보이는 성차별주의와 여성 혐오증에 저항하며 갈등을 겪었다.

무엇보다도 베일에 관한 문제는 독립투쟁 동안 베일을 쓰고 식민시대 후에는 농성 중인 민족주의와 근본주의 알제리인들에게 남용되면서 더욱 불거졌다. 이와 함께 헬리 루카스와 파농 간의 갈등을 불러일으킨 문제로 프랑스와 알제리의 전쟁 기간 동안 남성들과 동등하게 여성들 역시 자유를 수호하는 전투가로 보느냐의 논쟁은 위와 같은 민족주의와 페미니즘의 갈등을 잘 반영한다.

알제리 민족의 독립에 관한 프란츠 파농의 신념은 자세히 살펴볼 만하다. 그러나 헬리 루카스가 주로 비판한 민족주의와 페미니즘 사이의 긴장에 관한 논의들 가운데 명확하지 못하거나 다소 알려지지 않은 점을 지적하자면, 파농은 편협하고 여성 혐오적인 민족주의를 지지하지 않았고 다만 민족의식이 초국가주의나 사회민주주의로 나아가게 한다고 믿었다는 사실이다. 또 위의 논쟁에서 중요하지만 거의 주목받지 못한 점은 "여성성을 지배한 남성 우월주의의 요소들을 신격화한 봉건 전통이 영속화될 위험"에 관해 경고하는 주석이 말해주듯 파농 역시 "민족의식의 함정"에 대해 비판적이라는 사실이다(『대지의 저주받은 자들』, 202쪽).

미국의 급진적 흑인 페미니즘

미국의 급진적 흑인 페미니즘은 그 활약상과 흑인 여성의 일상에 미치는 물질상황의 변모에 관해 이론화하려는 작업을 했기 때문에 종종 유물론적 페미니즘(materialist feminism)으로 간주된다. 여기서 "급진적"이라는 말은 구체적으로 소져너 트루스(Sojourner Truth)가 언급한 바 있듯이 "편협한 마음 자세"(shortminded)가 아닌 경우를 뜻한다.[38] 나는 인간성과 자유, 지식생산, 그리고 이 연구의 마지막에서 밝힐 "권력을 향해 진실 말하기"(speaking truth to power)를 개념화함으로써 위의 말뜻을 다시 고찰할 것이다.[39] 급진적 흑인 페미니즘은 경험과 급진적 사고, 이론과 실행의 중요한 위치와 상호 연관성을 잘 인식하는 데 기반을 둔다.

모든 유럽과 미국의 페미니스트 문학 비평가들이

---

38 다음의 책에서 재인용했음. Raya Dunayevskaya, *Women's Liberation and the Dialectics of Revolution*, 2nd ed.(Detroit : Wayne State University Press, 1996), 50.

39 Edward Said, *Representations of the Intellectual*(New York : Vintage, 1996), 85–102.

진보적이지 않은 것과 마찬가지로 흑인 페미니즘 또한 인종성(ethnicity), 그리고 빈번히 계급과 연관되었으면서도 흑인 페미니스트들 모두가 급진적인 것은 아니다. 어떤 흑인 페미니스트들은 이데올로기적으로 진보적이거나 혹은 보수적일 수도 있다.

그러나 초기 단계와 이론으로서 개념화된 범주에서 반인종주의적이고 반성차별주의적인 동요는 급진적 흑인 페미니스트들의 합의를 이끄는 초석이었다. 실제로 초기 흑인 여성, 가령 해리엇 텁만(Harriet Tubman), 소저너 트루스, 아이다 B. 웰스 바넷(Ida B. Wells-Barnett)과 같은 웅변가이자 활동가의 생생한 경험들은 인종, 젠더와 계급의 접합점을 통해 앞으로의 급진적 흑인 여성 사상가들의 핵심적인 기반을 확실히 다졌다. 이와 더불어 이들 초기 흑인 페미니스트들은 흑인 해방을 위해 노예제도 폐지와 린치[40]를 화두로 삼고 흑인 여성의 인권에 대한 연설

---

40 역주_ 미국 인종차별의 비인간적 폭력을 보여주는 것으로 남북전쟁 이후부터 1960년대 흑인 인권운동이 전개되기 직전까지 미국 남부를 중심으로 흔히 일어났다. 린치는 18세기 말 미국 버지니아 주의 치안판사 찰스 린치(Charles Lynch)의 이름에서 유래했다. 린치 혹은 집단 살해는 대체로 백인 무리들에 의해 소수의 흑인들이, 적은 않은 경우 흑인 무리들에 의해 백인이 나무에 매달린다든가 집단으로 구타당하여 그 희생자의 처참한 시신이 눈이 잘 띄는 곳에 진열되는 형식으

이나 강연을 포함한 급진적이고 근본적인 활동들을 전개했다.

확실히 말해두자면, 개인과 집단의 합의는 점차 나아가 급진적 흑인 페미니즘 사상과 이들 시대를 반영하는 적극적 행동주의로 기본 전제를 넓혔다. 폭력과 억압을 비판하고 자신들의 정치론에 흑인 여성과 흑인 해방 문제를 전면에 내세움으로써 급진적 페미니스트들은 모든 억압받는 이들에 대한 구조적이고 체계적인 부조리들을 철폐하는 데까지 나아간다. 유명한 풀뿌리 활동가이자 페미니스트인 패니 루 해머(Fannie Lou Hamer)는 유색인들의 진보를 위한 민족연합(the National Associantion for the Advancement of Colored People : NAACP)에서 발표된 선동적인 연설 가운데 급진적 흑인 페미니즘의 광범위한 성격을 설득력 있게 표현한다.

로 이뤄졌다. 이는 미국 사회에 나타난 증오 범죄의 전형적인 경우로서, 흑인에게 가해진 린치는 백인 우월주의 집단 쿠 클럭스 클랜에 의해 선동된 예도 많았다. 투스키지 대학(Tuskeegee Institute)은 1880년부터 1951년까지 린치로 인해 희생된 흑인의 수가 3,437명, 백인의 수는 1,293명일 것이라고 추정하고, 비공식적으로 흑인 희생자는 4,743이라고도 집계하나 특히 흑인의 경우는 보고되지 않은 사건도 많아 이보다 훨씬 많을 것으로 보는 견해가 일반적이다. 린치에 관한 최근 연구는 다음과 같다. Philip Dray, *At the Hands of Persons Unknown : The Lynching of Black America*(New York : Random House, 2002).

당신도 알다시피, 내가 나 스스로를 자유롭게 한 상태에서만
모든 이들을 자유롭게 할 수 있었고, 그래서 나는 모든 이들의 자유
를 위해 일한다. … 어떤 백인 여자의 자유는 나의 자유를 속박했고,
이에 내가 자유로울 때까지 그녀 역시 완전히 자유롭지는 못하리라
는 사실을 처음으로 깨달았다. … 그러니 우리는 이제 모든 이들의
자유를 위해 같이 움직이는 것이다. 그리고 우리는 오늘날 병든 사
회에서 인간으로서 행동하고 인간으로서 대접받을 더 나은 기회를
갖게 될 것이다.[41]

흑인 여성들은 연대적인 억압 가운데 살아가고 존재하기
때문에 진보적인 흑인 페미니즘은 이같은 억압에 대한 이
론적 · 정치적 대응이다. 이뿐만 아니라, 연대적인 억압
에 맞선 급진적인 흑인 페미니즘의 정치적이고 반란적인
공격은 콤바히 리버 공동체(the Combahee River Collective)의
「흑인 페미니스트 성명」(Black Feminist Statement)이 말하듯
이 종국에는 "모든 억압체계의 파괴"[42]를 가져와 비흑인,

---

41 Gerda Lerner, *Black Women in White America : A Documentary History*
(New York : Vintage, 1972), 609–11.
42 The Combahee River Collective의 Black Feminist Statement는 다음의
책에서 인용. Patricia Bell-Scott, Gloria Hull, and Barbara Smith, *All the
Women Are White, All the Blacks Are Men, But Some of Us Are Brave*(Old

비여성과 가난한 자들 가운데 모든 비참한 이들까지 해방시킬 것이다. 인간 자유와 비판적 인식은 오늘날 급진적 흑인 페미니즘 이론과 실제의 유명한 전례로 남게 될 것이다.

이들 여성의 정치사회적 관심, 실천을 위한 초점, 인간 자유와 해방의 범주를 고려하면, 프란츠 파농의 해방 이론이 1960년대부터 1990년대까지 급진적 흑인 여성들의 저작 가운데 발견된다는 사실은 그리 놀랍지 않다. 파농 역시 인간성과 정의에 매달려 사람들의 대의와 자유의 노예이자, 심지어 죽음의 문턱에서도 그의 살을 좀먹은 백혈병으로부터 해방되어 알제리 전선에 몸을 던지기를 갈망했던 인물이기 때문이다. 파농 전기를 쓴 후세인 불한(Hussein Bulhan)은 아이메 께사르(Aimé Césaire)의 방식대로 진술한다.

만약 "단행"(斷行, commitment)이라는 말이 어떤 의미를 갖는다면 파농이 이 말의 중요한 의미를 부여했다고 봐야겠다. … 이 점은 그를 이해하는 데 있어 반드시 필요하다. 그의 반역은 윤리적이고 그의 노력은 관대했다. 그는 단순히 일의 이유에 고착하지 않았

Westbury, N.Y. : The Feminist Press, 1982), 18.

다. 대신 그 이유에 스스로를 바쳤다. 움츠림 없이 완벽하게. … 굴욕적인 타협에 대한 증오, 수다스러운 허풍에 대한 증오, 두려움에 대한 증오와 함께. 어느 누구도 그보다 사상에 투철하지 않았고, 그 자신의 사상에 책임감을 보여주지 않았다. 그리고 아무도 그처럼 사상을 행동으로 바꿀 때에만 그려질 수 있는 삶을 향해 정확하게 나아가지 못했다.[43]

급진적 페미니스트의 반란은 정의를 세우고, 미국의 반흑인 전통과 이성애주의자나 성차별주의자와 착취적인 정치인들 때문에 부식된 정신을 탈식민화하며, 흑인 여성들이 특히 "태생적으로 가치 있고" "인간으로서 인정받는" 새롭고 평등한 사회를 건설하기 위한 윤리적인 시도이다.[44]

　　미국의 급진적 흑인 페미니즘의 해방 정치학과 프란츠 파농의 혁명 이론 가운데 어디에도 끝없이 벌어지기만 하는 심해나 건널 수 없는 간극, 메울 수 없는 틈은 존재하지 않는다. 그의 남성적인 세계관을 비판할 필요가

43 Bulhan, *Frantz Fanon and the Psychology of Oppression* (New York : Plenum, 1985), 52.
44 The Combahee River Collective, Black Feminist Statement, 15.

있다 할지라도 그의 저작에 접근하기 위해서는 좀 더 통합적인 시각을 갖추는 것이 우선 과제이다.

"페미니스트"로서 파농

페미니즘은 여러 페미니스트들에 의해 각기 다른 의미를 갖게 되었고, 이에 따라 다양한 분파와 범주, 그리고 오늘날의 페미니즘들이 탄생했다. 이에 따른 협의사항과 내용 또한 이론가들과 실천가들 사이에서 다양하게 나타난다. 인종, 계급과 이성애주의와 관련한 지속적인 논의들은 사회주의 페미니스트, 급진적 흑인 페미니스트, 마르크시스트 인본주의 페미니스트(Marxist–Humanist feminist), 진보적 레즈비언 페미니스트 등을 탄생시켰다. 페미니즘이 "여성도 인간이라는 근본적인 인식"을 의미하든 혹은 "페미니스트가 되는 것은 무엇보다 그 자신이 돼야 함"을 뜻하든 간에 페미니즘의 광범위하거나 협소한 정의들이 넘친다.[45] 따라서 페미니스트로서 프란츠 파농을

---

45 첫 번째 정의는 여성위원회(the National Organization for Women)의 구호이며, 두 번째 정의는 다음에서 인용함. Sandra Bartky, *Femininity*

소개하는 작업은 간단하면서도 매우 까다롭다. 최소한 말할 수 있는 점은 여성에 대한 깊은 관찰을 보여주는 파농의 여성 분석은 페미니스트적 요소를 담고 있다는 사실이다. 그러나 이들 분석이 문제를 제기하고 도전하며 여성의 사회적 현실이 보여주는 "사실"들을 변형하기 위한 방안을 모색하지 않는다면 이들 분석 자체로는 페미니스트적 면모를 보여준다고 단언하기 어렵다.

파농은 대지의 재수 없는 이들, 즉 "식민화된 남성과 여성"(『대지의 저주받은 자들』, 36쪽)들의 해방을 믿었고, 이를 위해 일했다. 그는 특별히 여성들의 삶에서 나타난 모순들에 의문을 가지고 도전했다. 억압을 분석하면서 전적으로 여성을 중심에 두는 페미니즘과는 달리, 파농의 정치학은 인간 자유를 가져올 계획 안에서 성차별적인 억압을 철폐하는 방향으로 세워졌다. 이에 마르크시스트 인본주의 페미니스트인 래야 더나예브스카야(Raya Dunayev-skaya)는 "자유를 향한 인류적 투쟁의 실제 역사와 여성의 역사는 궤를 같이 한다"라고 말한다.[46] 파농은 혁명이 남

---

and Domination : Studies in the Phenomenology of Oppression(New York : Routledge, 1990), 11.

46 Dunayevskaya, *Women's Liberation and the Dialectics of Revolution*.

자, 여자, 어린이 등 사회 저변부터의 모든 인류를 위한 공식적이거나 비공식적인 정치적 · 사회적 · 경제적 삶을 착취하고 억압하는 영역을 바꾸리라고 믿었다.

그러나 서론에서 밝혔듯이 파농이 페미니스트라고 말하기보다 파농의 급진적 인본주의에 기인한 친페미니스트적 의식에 대해 말하는 것이 더 적절한 논의가 될 것이다. 파농이 『식민주의의 쇠퇴』 전체에서 통렬하게 주장하듯이 강압적인 가부장적 전통에서 여성 해방을 전망하고 역사의 객체에서 주체로 가는 여성의 움직임을 옹호한 데서 이러한 의식은 두드러진다. 또한 파농의 의식은 그의 방대한 저작만큼 알제리, 사라하 사막 아래의 아프리카와 마르띠니끄에 관한 경험의 지역적 특수성마저 초월하여 설득력을 얻는다.

유색 인종 여성과 성심리학에 관한 파농의 의구심이 가는 진술에 관한 논평 없이 이 장을 끝낸다면 나는 무책임한 저자일 것이다. 『검은 피부, 하얀 가면』에 나타난 백인 여성과 강간에 대한 장황한 논의 끝에 파농은 유색 인종 여성에 대해 다음과 같이 기술한다. "백인 여성의 성심리에 관한 우리의 결론을 당연하게 생각하는 독자는 유색 인종 여성에 관해서는 무엇이라고 얘기할 수 있냐고 물을지 모른다. (하지만) 나는 그 어떤 대꾸도 할 수 없다"

(180쪽). 정신과 의사인 파농이 환자로서 앙띠유 여성들을 만날 기회가 없었다는 사실만이 그의 "무지"를 설명한다. 파농이 맺은 앙띠유 여성들과의 상호관계는 연회장이나 학생 모임과 같은 사회적 관계에 제한됐다. 앙띠유 여성의 성적 공포와 관련된 파농의 의학적 관찰은 대화나 문학의 한 부분이나 그 자신의 앙띠유에서의 경험과 순전한 관찰을 통해 조금씩 모은 결과일 뿐이다.

그러나 페미니스트들은 파농의 진술을 선택적으로 인용하는 경향이 있다. 이 정신과 의사는 관찰한 바를 제시할 뿐이다. 파농에 따르면, 식민지의 앙띠유 여성이 느끼는 공포의 대상은 열등하고 검디 검은, 흑인 중의 흑인(*the negres nigger*)인 세네갈 남성들이었다. 1951년 유색 인종 여성 환자가 거의 보이지 않는 이유는 정신과 치료와 건강을 모색하는 데 침묵하는 오늘날 흑인 여성에 대한 논의와 맞닿는다. 명백하게 유색 인종 인성들은 식민지 시대 인종주의자와 성차별주의자들에 의해 매일같이 모욕당했기 때문에 누구보다 정신과 치료 혜택이 필요했으나 좀처럼 기회가 주어지지 않았으리라 짐작할 수 있다.

그럼에도 불구하고 유색 인종 여성들이 지속적으로 현실에서 식민통치자들에 의해 당한 강간의 경험을 무의식 중에 세네갈 남성에 의한 강간으로 전이했다는 사실은 무엇을 의미하는가? 분명한 것은 이것이 식민주의, 문화적 지배와 인종주의에 의해 발생한 신경증의 극단적인 형태라는 점이다. 늘상 일어나지만 법률적 보호장치가 전혀 없는 상황에서 유색 인종 여성이 백인 남성 식민통치자에 의한 강간이나 성적 탄압을 두려워하는 것은 당연하다. 그러나 흑인과 백인 여성 모두에게 강간 문화는 곧 흑인성의 역사적·문화적으로 구성된 신화이기 때문에 강간범, 공포의 대상은 언제나 흑인 남성이다. 상징적이면서 매우 실제적인 단계에서 백인 남성들은 식민지의 흑인과 백인 여성의 육체를 다룰 수 있는 자격을 행사할 때, 강간범이라는 문화적 전형에서 벗어날 수 있다. 그러나 우리는 흑인 남성의 성적 만용에 대해 마요뜨 까페시아가 보여주는 과민반응을 통해 위와 같은 흑인 남성에 대한 두려움이 열등한 유색 인종 여성의 경우만이 아님을 알게 될 것이다.

파농과 까페시아

다른 누구와도 마찬가지로 나는 프랑스 여성이에요.

* 마요뜨 까페시아, 『나는 마르띠니끄인이다』(*Je suis martiniquaise*)

세계 경제에서 당신의 진짜 가치는 얼마인가?
당신은 얼마나 가치 있는가?

* 애나 줄리아 쿠퍼, 『남쪽에서 들리는 목소리』(*A Voice from the South*)

폐쇄된 공간에서 아주 적은 부적응자들과 같은 예외와 함께
앙띠유에서 일어나는 모든 신경증,
모든 비정상적인 태도, 모든 감정적인 과민반응은
이 나라의 문화적 상황에서 비롯된다.

* 프란츠 파농, 『검은 피부, 하얀 가면』

1892년, 애나 줄리아 헤이우드 쿠퍼(Anna Julia Ha-ywood Cooper)는 에세이 전집 『남쪽에서 들리는 목소리』에서 특이하면서도 흥미를 불러일으키는 문제들을 연이어 제기했다. "우리는 얼마나 가치 있는가? … 우리가 이 세상을 대변하는가? 우리의 시장가치는 얼마인가? 우리는 이 세계의 구성요소 가운데 긍정적이고 보탬이 되는 양을 상징하는가 아니면 부정적 요소일 뿐인가?"[1]

고도의 방법론적 실증성과 더불어 이 흑인 페미니스트는 흑인에 대한 유물론적 평가에 "눈을 돌리"고 이들의 가치를 "매우 면밀하게 관찰"한다.[2] 소중한 흑인 유산과 고유 자료들이 깊이 침투한 반흑인 인종주의, 계급주의와 성차별주의 때문에 사라져 가는 동안 쿠퍼는 뿌리 깊은 흑인 혐오증조차도 흑인 개인과 집단이 "위와 같은 세계적 귀중품"[3]에 공헌한 바를 무마할 수 없고 한 인류로서 쌓아온 흑인 문화를 부정할 수도 없다며 흑인 전통

1 Anna Julia Cooper, *A Voice from the South* (New York and Oxford : Oxford University Press, 1988), 233.
2 Cooper, *A Voice*, 229.
3 Cooper, *A Voice*, 285.

을 긍정적으로 강조한다. 궁극적으로 "우리는 얼마나 가치 있는가?"라는 질문은 근면성, 흑인들의 인류애, 교육과 다른 사회적 저항수단을 통해 흑인들의 가치를 곧 세계적인 것으로 전환하는 방법으로 내세우는 구호이다.[4]

쿠퍼가 흑인 문제에 관해 꿋꿋하게 "심사숙고"하고 "설파"하는 동안 그녀가 보여준 흑인 상황에 대한 유물론적 인식은 우리가 흑인의 존재적 가치를 더 탐색하도록 이끈다.

쿠퍼의 사려 깊은 탐색은 인종주의적 문화와 경제가 지배하던 시기에 흑인 존재에 대한 인식의 물꼬를 트는 계기가 되었다. 그녀는 철학적 인본주의의 감성성을 인정하면서도 쉽게 의존하지 않음으로써 흑인 문제를 논쟁적으로 제기한다. 흑인들에게 그들이 얼마나 가치 있냐고 묻는 행위는 사실 흑인 자신의 존재와 존재적 영속성을 정당화하도록 요구하는 셈이다. 존재론적 현실을 보자면, 흑인은 흑인성으로 인해 여전히 세계 경제에서 근본적으로 가치 없다. 진실로 그들은 가치와 가치의 반명제(antithesis)이며, 양도할 수 없는 권리조차 박탈된 부재의

---

4 Cooper, *A Voice*, 284–85.

존재(presence-as-absence)로서 완전한 인간이 아니다. 식민지들, 아랍인들과 흑인들이 "저주받은 자들"(wretchedness)이라는 논의 가운데 파농은 다음과 같이 관찰한다.

> 원주민들은 가치의 부재를 의미할 뿐만 아니라 가치의 부정 또한 뜻한다. … 그들은 그들에게 일어날 수 있는 모든 것을 부식시키거나 파괴해 버리는 요소에 불과하다. 그들은 불완전하게 형성됐으며, 미와 덕과 관련된 모든 것을 훼손시킨다. 그들은 사악한 힘의 저장고이며, 맹목적 힘의 무의식적이고 돌이킬 수 없는 도구이다 (『대지의 저주받은 자들』, 41쪽).

쿠퍼의 "우리는 얼마나 가치 있는가?"라는 질문은 사회범주 안에서 부정성(negativity)을 대표하는 역사적이고 동시대의 표상으로서 흑인들의 생생한 경험을 보여준다.[5] 따라서 만약 흑인들이 존재상에서 가치 없는 이들로 평가절하됐다면 흑인 문화가 공헌한 바는 마찬가지로 가치가 없을 듯하다. 이런 맥락에서 호워드 워드 비처(Howard Ward Beecher)는 다음과 같이 단언한다.

---

[5] 나는 헤겔의 절대적 부정성(absolute negativity)의 의미에서 부정성 (negativity)를 사용하지 않는다.

내일 아프리카와 아프리카인들이 (바다 밑으로) 가라앉는다
면 얼마나 이 세상이 더 초라해질까? 조금 더 적은 금과 상아, 덜 수
확된 커피, 이에 고려해 볼 만한 여파가 아마 대서양과 인도해가 만
나는 연안에서 일어날 것이고, 이게 전부이다. 시도, 발명품도, 어떤
예술작품도 그 세계로부터 잃을 것이 없을 것이기 때문이다.[6]

아프리카의 소멸은 실제적인 인간 삶의 소멸이 아니라, 순
전히 세계 시장(여기서 세계란 서구를 가리킨다)에 나오는 원
재료들의 공급이 감소된다는 것만을 뜻한다. 위의 인용에
서 추측하자면, 더 고차원적인 형태의 예술과 문화가 기
여한 바는 아프리카 어디에도 존재하지 않는다. 그리고
그 땅의 대중들, 아프리카인은 창의성이 없기 때문에 이
들 가운데 "객관적 상관물들"(the objects)은 궁극적으로 아
무 가치가 없다. 흑인들은 절대로 세속적인 목적을 위해
일할 수 없기 때문이다. 결국 아프리카인과 서구(백인 헤
게모니의 세계)에서 일어난 흑인 이주(diaspora) 역사의 축적
된 가치는 전무하다.

---

6 다음의 책에서 재인용. Cooper, *A Voice*, 229.

그러나 흑인들이 자신의 부채와 신용장부를 인식할 때 일어나는 문제는 지속적으로 예의주시해야 한다. 그들은 스스로의 가치보다 더 이 세상에 빚지고 있는가? 어떻게 흑인은 세계 인간 경제에서 자신들이 평가절하됐다는 것을 경험하는가? 파농이 주목하듯 평가절하는 물질적인 차원에서만 독점적으로 경험되지 않는다. 인종적 차이로 인해 간주된 경제적 무가치함, 불편함은 내부적이고 심리적인 차원에서 겪는 경험이다. 주요 반흑인 정치학에서 "우리는 얼마나 가치 있는가?"라는 질문의 답은 "우리가 누구인가"에 달려 있다. 누군가 백인이라면 그는 소중하지만, 그가 흑인이라면 그는 소용없다. 억압은 부수적으로 성 위계질서와 나란히 하는 정치질서에서 경험된다. 어떤 이가 남성이라면 그는 소중하지만, 그가 여성이라면 덜 소중하다. 만약 어떤 이가 흑인이자 여성이라면 그녀는 아무 가치가 없는 이치와 같다.[7] 이러한 평가절하의 방식은 더 나아가 계급과 섹슈얼리티가 함께 맞물릴 때 더 견고해진다. 가치 없는 존재라는 틀에서 어떤 수단들이 가치가 덜한 이들(the worth less)(흑인 남성)과 무가치한

---

7 다음 책을 참고할 것. Audre Lorde, "An Eye for an Eye," *Sister Outsider* (New York : Book of the Month Club, 1993).

이들(the worth-less) (흑인 여성)에게 주어졌는가?

앙띠유 식민지의 의학적 연구에서 파농은 식민지의 흑인들이 거부당하고 무가치한 자신의 상태를 인식하는 순간 존재심리학적인 콤플렉스가 발생한다고 보고한다. 피부색의 도식을 제거하여 검은 피부와 흑인 존재의 역사적 현실을 벗겨버리고 싶은 욕망이 일어나는 것이다. 흑인의 육체는 유전적으로 꺼리는 대상이 된다. 흑인들은 이런 육체적 저주로부터 벗어날 탈출구를 찾는다. 그리고 식민통치자의 언어를 완벽하게 구사하는 것은 잠재적인 자유, 권리 수호, 비상 방편이 된다. 이에 애나 줄리아 쿠퍼는 다음과 같이 강조한다.

> 칼훈(Calhoun)의 경우처럼 한 흑인이 그리스어의 가정법을 사용하는 능력을 보여줄 수 있다면 그는 인간으로서 명분을 지켰을 것이라는 비난에 자극을 받아, 이 새로 해방된 인류는 처음부터 열정과 성취욕을 가지고 그 맥락(식민통치자의 언어를 익히는 것역주)을 따라 돌진했다.[8]

파농은 「흑인과 언어」에서 언어를 문화의 중요한 요

---

8 Cooper, *A Voice*, 260.

소로서 이론화한다. 즉 언어는 문화를 구성하며, 사회적 상호 교제를 중재한다. 또한 언어의 습득은 한 언어에 내포된 문화를 습득하는 것을 의미한다. 식민치하에서 지배자의 언어를 완벽하게 구사하는 능력은 문화적으로 박탈당한 앙띠유인이 탐욕스럽고 명랑한 앵무새로서 백인들의 영광스런 영역에 들어갈 입장권을 보장한다. 프랑스어를 익힌 앙띠유인은 더 프랑스인처럼, 더 백인처럼, 그리고 덜 흑인과 같이 행동한다. 언어는 생각을 표현하는 도구이기 때문에 데카르트의 "나는 생각한다, 고로 존재한다"(I think, therefore I am)는 "나는 말한다, 고로 존재한다"(I speak, therefore I am)로 변형된다. 식민지인들은 프랑스 언어를 습득함으로써 그나 그녀의 검은 육체에서 느끼는 부담에서 벗어날 수 있음을 깨닫는다. 앙띠유인들이 언어적으로, 결국 문화적으로도 동화되려 노력할수록 그나 그녀는 **존재의 거대한 굴레**(*great chain of being*)를 거슬러 올라가 완전한 인간으로 더욱 인정받는다.

　　그러나 이 전략은 완전히 수포로 돌아갈 뿐이다. 흑인성에 영원히 가려져, 다시 말하면 다른 이들이 갖고 있는 흑인의 유체적 도식에 관한 "관념"의 미덕 때문에 어느 흑인도 프랑스 문화에 완벽히 동화될 수는 없다. 흑인은 그들 자신이 가진 외모의 노예인 것이다. 식민지인이

통달한 언어는 그들의 존재에 대한 부정적 가치와 의미들의 복합성을 내면화하여 스스로의 비인간성과 열등함을 더 공고히 한다. 자크 데리다(Jacques Derida)가 「인종주의의 마지막 단어」(Racism's Last Word)에서 설명하듯이 "언어 없이 인종주의를 말할 수 없다. … 인종주의는 언제나 인간의 오용을 허락하지 않는다. 즉 인종주의는 쓰고, 깊이 새기며, 결국 미리 규정하기까지 한다."[9] 흑인은 어디까지나 검고, 이는 곧 흰 것의 반명제이며, 흰 것은 곧 프랑스인을 뜻하므로 결코 그들은 프랑스인이 될 수 없다. 비슷하거나 그들 같다는 것은 그 존재가 된다는 것과 같은 뜻이 아니기 때문에(To be like or as is never quite the same as being) "흑인은 어디를 가든지 그저 흑인일 뿐이다"(『검은 피부, 하얀 가면』, 173쪽). 식민지인은 영원히 변화하는 상태에 머물 것이며, 진화단계(évolués)로 특징지어질 것이다. 이 가운데 흑인들은 실존적 문제를 겪고 불안해한다. 르네 마랑(René Maran)의 소설 『타인과 같은 남자』(Un homme pareil aux autres)의 인물 쟝 베누즈(Jean Veneuse)는 "일반적으로 유럽

---

9 Jaques Derrida, "Racism's *Last Word*," *Race, Writing, and Difference*, ed. Henry Louis Gates, Jr., Special Issue of Critical Inquiry 12 (Autumn 1985) : 292.

인들이나 특히 프랑스인들은 식민지의 흑인들을 간단히 무시하는 것도 모자라 그들 자신의 이미지대로 따라가는 흑인들마저 거부한다"며 앙띠유인의 동화(assimilation)가 손에 잡힐 수 없는 환상임을 실토한다(『검은 피부, 하얀 가면』, 64쪽). 1925년 식민정부 명예 총지휘관 떼서롱 경(A Monsieur Tesseron, the Directeur Honoraire au Ministère des Colonies)의 「프랑스 식민지 대상의 법적 상황과 이를 결정하는 특권계층에 관한 보고서」(Rapport sur la condition légale des sujets dans les colonies françaises et sur les prérogatives qui en résultent)에 포함된 "식민지 흑인"에 관해 이 프랑스인 사무관은 베누즈의 관찰을 다시 한 번 확인시킨다.

중요한 점은 우리의 지배를 위험에 빠뜨리지 않으면서 어느 정도까지 토착인들의 열망을 만족시킬 수 있는지를 이해하는 일이다. … 이것은 정치적인가, 아니면 이들의 귀화(naturalization)를 장려하는 우리의 관심과 상관 있는 일인가? 일반적으로 말하자면 물론 아니다. 확실히, 우리는 순수하게 동화되고자 하는 우리의 피식민지인들을, 말하자면 그들의 관습을 버리고 우리 것을 체득함으로써 우리와 가까워지려는 성실한 피식민지인들을 환영해야 한다. … 그러나 얼마나 많은 이들이 이 범주에 드는지 우리가 밝힐 것인가? 명백하게 거의 없다고 봐야겠다. 몇몇 이득만을 얻기 위해 시민의 신분을 얻고자 간청하는 다른 이들도 언제나 위험한 존재이다.[10]

본토 상황과 시민권에 대한 다른 보고서는 다음과 같다. "새로운 시민 개인이 일시적으로 신분이 상승했다 할지라도 그는 직업경력을 마무리짓기 전에 시민권이 원주민에게 유효하지 않다는 결정을 대면하고는 대부분 좌절하고 만다."[11] 관습과 그 외의 것들을 폐기함과 동시에 식민지인은 시민권을 위해 완벽한 프랑스어 실력을 보여줘야 한다. 프랑스인들의 위험은 문화적·인종적 지배와 그들의 자유, 평등, 형제애(*liberté, égalité,* and *fraternité*)라는 미사여구의 미묘한 균형에서 구체화된다.[12] 식민지인은 어떤 면에

---

10 다음의 책에서 자료에서 재인용. Alice Conklin, "Redefining 'Frenchness': The New Politics of Race, Culture, and Gender in French West Africa, 1914–1940," 12. (Paper delivered at the University of Rochester, November 3, 1993)

11 Conklin, "Redefining Frenchness," 17.

12 이민과 시민권에 관한 현대 프랑스 정치는 이런 모호한 경향을 지속적으로 반영한다. 쟝 마리 르 펜(Jean–Marie Le Pen)의 "프랑스인의 프랑스"(France aux Français)와 같은 선전구호는 아랍인, 아프리카인, 앙띠유인들, 심지어 프랑스에서 태어났을지라도 식민지에 기반을 둔 사람들을 고용불안과 범죄의 위협요소로 인식하는 (백인) 프랑스 시민들에게 큰 호응을 얻었다. 자크 시라크(Jacques Chirac)의 귀화정책의 논조가 르 펜의 것만큼 공개적으로 적대감으로 드러내지는 않았지만, 그의 사회·정치노선 역시 이같은 반감과 두려움을 반영한다. 재임 기간 동안 시라크의 서약은 이민과 귀화정책에서 산산조각날 수밖에 없었다. 교회와 데브레 법(Debré Law)에서 아프리카인들을 받아들이자는 최루성의 획기적인 이민정책도 파리에서 완전히 실패했고, 이로 인해 이민정책에 관한 논쟁이 다시 불붙었다. 다음 기사를

서 그들이 백인과 동등하고, 따라서 백인들이 누리는 특권들을 누릴 수 있다고 기대한다. 특히, 이들 특권 중에 인종 간 결혼을 감행하는 것은 이종결혼과 **혼혈**(*métissage*)을 통해 인종적 우월성의 분명한 경계를 전복하려는 시도를 보여준다.[13] 그러나 이들의 모든 노력은 프랑스인으로서의 정체성을 인정받기에 불충분하다.

이런 상황에서 사랑은 흑인성으로부터 해방될 수 있는 자기 기만의 또 다른 수단으로 표상된다. 『검은 피부, 하얀 가면』에서 파농은 다음과 같이 설명한다.

참고할 것. "French police attack church oust 300 African immigrants," *Indianapolis Star*, Saturday, August 24, 1996, p. A-10. 이 기사는 이민자들이 종종 이민법의 연이은 모순에 당황하는 현실을 보고한다. 예를 들어, 이에 항의하는 이들 중 몇몇은 이전 법으로 합법적 거주자였지만 최근의 헌법으로는 불법 거주자가 되었다. 다른 이들은 최소한 프랑스 영토에서 태어난 자녀의 법적 거주권을 요구를 성취할 뿐이다. 불법 이민자의 추방은 자크 시라크가 그의 이민자 관련 서약과 함께 대통령 대선에서 승리한 직후부터 눈에 띄게 늘어났다. 다음의 자료도 참고할 것. "Illegal African immigrants routed by Paris cops : Rage, astonishment fuel protest marches," *Chicago Tribune*, Saturday, August 24, 1996, Section 1, p. 3.

13 다음의 자료를 참고할 것. Rene Maunier, *Sociologie coloniale : Introduction à l'étude du contact des races*(Paris, 1932). 모니에(Maunier)는 혼성화(hybridization)를 질타하고 이들 문제에 관한 식민정책에 영향을 미쳤다. 그는 토착유형(native type)이나 원시로의 귀환(return to the primitive)이 불가피하다고 믿었다.

찬탄을 받거나 다른 이의 사랑을 받을 필요는 내 세계관 전체에서 가치를 창출하는 가장 중요한 상부구조를 형성한다. 동시에 내가 사랑하는 사람은 나의 남성다움에 대한 내 추측을 증명함으로써 나를 더 강하게 한다(41쪽).

실질적으로 사르트르나 라캉의 방식에 따르면 사랑은 감정의 자기애(自己愛)적 투자이다. 즉 사랑받는 이에게 자신의 가치를 맡기는 행위이다. 사람은 사랑을 받기 위해 사랑한다. 사르트르의 용어를 빌리자면 사랑의 행위는 정직하지 못하다. 같은 이유로 마요뜨 까페시아가 『나는 마르띠니끄인이다』를 집필할 때 "나는 존경받는 여성이 되기를 무척 바랐다. 나는 오직 백인 남성과의 결혼만을 꿈꿨어야 했다"는 말은 우리의 호기심을 불러일으키는 부분이다(202쪽). 이 유색 인종 여성에게 현재 우리의 페미니스트 연구 주제인 가부장적이고 반흑인 성향의 문화에서 백인 남성은 궁극적으로 가치를 납품하는 업자를 상징한다.

파농은 사르트르와 달리 진심에서 우러나온 사랑의 가능성을 믿었다. 그리고 그가 앞서 언급한 비호감 유전형질 콤플렉스(phobogenic complex)와 연관된 사랑의 유형은 거짓되거나 오용됐다. 그래서 파농은 『검은 피부, 하얀 가면』의 두 번째 장 「유색 인종 여성과 백인 남성」에서 이 경우를 자세히 관찰한다. 그는 논의의 시작으로 까페시아를 인용하면서 그녀와 그녀의 자전적 소설 『나는 마르띠니끄인이다』를 설득력 있게 비판한다. 파농이 볼 때 까페시아는 기만당했다. 이러한 그의 주장 때문에 오늘날 몇몇 페미니스트들의 관점에서 파농은 여성 혐오주의자이다. 이제부터 마요뜨 까페시아와 그녀의 소설 『나는 마르띠니끄인이다』와 『하얀 흑인 여자』를 다시 해석하며 파농과 페미니즘 이론가들이 참여한 탈인간 소외, 반흑인 인종주의, 성차별주의와 섹슈얼리티를 둘러싼 갈등들을 다룰 것이다.

1949년 마요뜨 까페시아는 『나는 마르띠니끄인이다』(1948)로 앙띠유 위대한 문학상(*Grand Prix Littéraire des Antilles*)을 수상한 네 번째 앙띠유인이자 첫 번째 흑인 여성이었다. 2만 프랑의 상금을 지급하는 이 연례 수상식은 1946년 파리에서 소설, 역사소설, 수필과 시의 발전을 위해 설립됐다. 흥미롭게도, 까페시아의 작품이 주목할 만한 가치가 있다고 판단한 심사위원단은 열 세 명의 프랑스 남성들로만 구성됐다.

위의 자전적 소설은 흑인 정신운동의 작품들 가운

데 걸작으로 보기 어렵고, 문학잡지『현대 아프리카』(*Prés-ence Africaine*)에서 문학 비평이나 책 서평을 위한 지면에 그럴 듯하게 다뤄지지조차 않았다. 더욱이 까페시아가 원작자인가 하는 진위의 문제마저 최근 면밀하게 검토되고 있다.[14] 까페시아의 작품은 마리스 꽁데(Maryse Condé)가 작성하고『여성의 언어』(*Paroles de femmes*)에 수록된 프랑스어권 앙띠유 여성 작가들의 문헌목록에 언급됐음에도 불구하고[15] 패트릭 샤모아소(Patrick Chamoiseau)나 라파엘 꽁

---

14 다음의 자료들을 참고할 것. Clarisse Zimra, "Righting the Calabash : Writing History in the Female Francophone Narrative," *Out of the Kumbla : Caribbean Women and Literature*(Trenton, N.J. : Africa World Press, 1990), 143-60 ; Zimra, "Patterns of Liberation in Contemporary Women Writers," *L'Esprit Createur* 17, no. 2(1977) : 104-114 ; Zimra, "A Woman's Place : Cross-Sexual Perceptions in Race Relations ; The Case of Mayotte Capécia and Abdoulaye Sadji," *Folio*(August 1978) : 174-92. 짐라(Zimra)의 논문들의 많은 문제들이 도안(Doane)에 의해 제기됐다. 하지만 이들 논문에 나온 많은 분석들은 다른 문제들을 상쇄하기 충분하다. 짐라에게 파농은 마찬가지로 여성 혐오자이다. 그리고 짐라의 묘사에 따르자면, 백인 남성과 잠자리를 같이 하는 흑인 여성들은 특별히 파농을 무기력하게 만든다. 그러나 더 중요한 점은 파농의 여성 혐오가 1960년대와 1970년대의 성차별주의자이자 마르크시스트 흑인 남성들이 지지한 해방에 관한 파농의 사상과 궤를 같이 한다는 사실이다. 짐라에게 이 점은 파농의 성차별적인 면모를 반영한다. 그렇다면 같은 시대에 흑인 페미니스트 혁명가들의 입에서 파농의 해방사상이 나왔다는 것은 어떻게 설명할 것인가?

15 꽁데가 파농이 까페시아에게 다소 혹독하다고 믿었던 반면, 그녀 자

삐앙(Raphaël Confiant)이 쓴 앙띠유 걸작선인 『끄리올의 문학 : 앙띠유와 대륙의 문학 연구』(*Lettres créoles : Tracées antillaises et contin-entals de la littérature 1635-1975*)에 전혀 언급되지 않는다.

흑인 남성 작가들에 의해 흑인 여성 작가들이 주변부로 밀려났다는 사실은 놀랄 만한 사안도 아니고, 심지어 남성의 목소리에 힘을 실어주는 동시에 여성의 경험을 여성들이 솔직하게 표현하지 못하고 침묵하게 만드는 끈질긴 시도들이 공공연하게 알려졌다는 사실은 주목할 만하다. 그러나 이런 진술을 까페시아를 옹호하기 위해 성급하게 일반화할 필요는 없다. 왜냐하면 1940년대와 1950년대에 매월 발행된 『현대 아프리카』는 흑인과 백인 여성이 겪는 글쓰기의 어려움을 기사화했으며, 『끄리올의 문학』은 사실 마리스 꽁데, 시몬 슈바르츠 바르트(Simone Schwarz-Bart)와 수잔느 께사르(Suzanne Césaire)를 비롯한 앙띠유 여성 작가들의 작품을 대거 소개하기 때문이다.

미국 문학과 문화 연구의 페미니스트 이론가들 사

신의 소설에 나온 여주인공은 백인 남성과 연애하면서도 자신이 마요뜨 까페시아가 아니라는 점을 강조한다. 다음의 소설을 참고할 것. *Heremakhonon*(Colorado Springs : Three Continents Press, 1982), 30.

이에서 까페시아의 인기가 되살아난 데는 무엇보다 프란츠 파농의 공이 크다.

파농은 까페시아와 『나는 마르띠니끄인이다』에 관해 『검은 피부, 하얀 가면』에서 다음과 같이 쓴다.

> 어느 날 마요뜨 까페시아라는 이름을 가진 여자가 감지하기 어려운 동기를 가지고 202페이지에 이르는 그녀의 인생을 무작위로, 대부분 말도 안 되는 생각을 장황하게 기술했다. 어떤 부분에서 이 책을 반기는 열정적인 환영식은 우리가 이 이야기를 분석하도록 강요한다. 우리에게 모든 완곡어법은 불가능하다. 『나는 마르띠니끄인이다』는 할인 특가상품일 뿐이며, **건전하지 못한 행동**(*unhealthy behavior*)을 칭송하는 설교이다(42쪽).

이 소설과 소설가에 대한 파농의 무자비한 비난은 이 소설의 상업적인 성공, 문학적 찬사들과 프랑스 독자들을 끌어당긴 매력에 반대하며, 까페시아가 프랑스인의 이상적인 개념들을 반영하는 프랑스의 거울로서 가시적인 노력 없이 능숙하게 행동하는 데 일차적인 근거를 둔다. 그러나 이 오만한 비판 때문에 파농은 페미니스트들과의 수많은 갈등을 겪었고, 여성 혐오주의자이자, 성차별주의자라는 오명이 따르게 되었다. 그웬 버그너(Gwen Bergner)가 지적하는 바를 보자.

파농의 비판적 관점은 많은 부분 흑인 여성을 속박하는 젠더, 계급과 섹슈얼리티의 측면에 초점을 맞춘다. 파농은 경제적 가치("할인 특가상품")와 성적 도덕률("타락을 칭송하는 설교")의 입장에서 까페시아의 인생 이야기를 과소평가한다. 이런 비난들은 습관적으로 여성들의 글쓰기와 여성 자율성이라는 숭고한 목표에 반하는 결과를 가져왔다.[16]

버그너는 계속하여 "까페시아는 늘 그렇지는 않지만 때때로 특권에 대한 그녀의 열망 가운데 백인성의 가치를 인정하는 오류에 빠지기도 한다"고 말한다.[17] 이와 함께 메리 앤 도안(Mary Anne Doane)은 『팜므 파탈 : 페미니즘, 영화 이론, 심리분석』(*Femmes Fatales : Feminism, Film Theory, Psychoanalysis*)에서 "파농은 백인 남성과 결혼하고자 하는 까페시아의 압도적인 욕망을 무자비하게 비난한다. … 파농은 그가 경시했던, 흑인 병리를 대변하는 이 흑인 여성의 욕망을 직시하게 된 것이다"라고 진술한다.[18]

---

16 Gwen Bergner, "Who Is That Masked Woman? or, The Role of Gender in Fanon's *Black Skin, White Masks*," *PMLA* 110, no. 1 (January 1995) : 83.
17 Bergner, "Who Is That Masked Woman?," 83.
18 Mary Anne Doane, *Femmes Fatales : Feminism, Film Theory, Psychoanalysis* (New York and London : Routledge, 1991), 219.

마찬가지로, 파농에 대한 수잔 안드레이드의 공격적인 비판을 그녀의 논문 「나르시스트의 노예 : 역사, 섹슈얼리티, 그리고 마리스 꽁데의 『헤레마코논』의 상호 텍스트성」(The Nigger of the Narcissist : History, Sexuality, and Intertextuality in Maryse Condé's *Hérémakhonon*)에서 길게 인용해 보자.

프란츠 파농의 『검은 피부, 하얀 가면』은 흑인 남성 변절자와 더불어 성적으로 과도한 흑인 여성에 대한 유럽인의 표상을 비유적으로 강력하게 잘 표현한다.

파농은 마요뜨 까페시아의 일인칭 이야기를 심지어 극단적인 인종주의자 고비노(Gobineau)[19]에 비유하여 흑인 소외의 명백한 패러다임을 보여주는 예로 삼고 그녀에 대한 가혹한 비판을 시작한다. 그의 독해는 작가와 그녀의 일인칭 화자 간의 모순적인 거리를 전혀 인정하지 않는다. 무엇보다 불쾌한 것은, 그가 까페시아와 확장하자면 모든 캐리비안의 유색 인종 여성들을 태생부터 좀 더 피부색이 밝은 남성(백인이거나 흑백 혼혈인 물라토)과 결혼하려거나 흑인

---

19 역주_ 아르뛰 고비노(Arthur de Gobineau, 1818-1882)는 프랑스의 인류학자, 소설가, 동양학자이자 외교관. 그의 저서 『인종 불평등론』(*Essai sur l'ingalit des races humaines*)에서 고비노는 순수 인종만이 육체적 · 정신적으로 우수할 수 있으며, 이들 가운데 타락한 문화가 발생할 수 없다고 주장했다. 우수한 인종으로는 유럽계 아리안족, 특히 게르만족을 거론하였으며, 그의 주장은 후에 나치 독일의 정책을 뒷받침하였다.

을 더 백인답게 하려 한다는 이유로 비난한다.[20]

위의 비판이 동의하고 있는 형용사들, 즉 "무자비한"(re-lentless)이나 "가혹한"(virulent) 등의 표현을 볼 때, 파농과 까페시아의 텍스트를 매우 세심하게 탐구할 필요가 있다. 까페시아의 텍스트는 일인칭 주인공 화자의 목소리를 들려줄 뿐만 아니라, 주인공의 이름마저 작가의 이름과 동일한 마요뜨 까페시아이다. 따라서 파농이 허구상 인물과 작가를 구분하지 못했다는 비난은 논의의 여지를 남긴다. 게다가 파농은 결혼을 통해 더 백인에 가까운 인종이 되려는 캐리비안의 모든 여성을 비난하는 것이 아니라, 다만 그들이 기만당했을 뿐이라고 설명한다. 이 점에서 파농의 맥락은 후대 페미니스트 문학 비평가에 의해 제외된 듯하다.

안드레이드나 도안, 그리고 버그너의 논의들을 따른다면 파농은 흑인 여성의 욕망을 통제하고, 만약 이 여성들이 다른 인종에서 연애 대상을 찾는 독단적 행동을

---

20 Susan Andrade, "The Nigger of the Narcissist : History, Sexuality, and Intertextuality in Maryse Condé's *Heremakhonon*," *Callaloo* 16, no. 1 (Winter 1993) : 219.

보여준다면 이들을 성적으로 부도덕하다고 매도한다. 그러나 버그너와 안드레이드가 흑인 여성의 성적 자율성과 경제적 유동성을 파농의 "성차별적이고 가부장적 통제"로부터 위의 앙띠유 작가를 구출하는 데에는 특히 문제시될 부분이 있다. 바로 까페시아가 『나는 마르띠니끄인이다』에서 경제적 동기를 자극한 백인 남성을 배타적으로 욕망한다는 생각을 분명히 거절했음에도 두 비평가는 이 욕망을 설득력 없이 정당화한다.

간단히 말해 버그너와 안드레이드에 따르면, 까페시아의 백인 남성 선호 경향은 백인을 상대로 일하는 흑인 여성이 겪는 생존 문제이다. 왜냐하면 식민지에서 그녀의 존재를 확장하기 위한 교환상품은 오직 그녀의 육체뿐이기 때문이다. 이 부분은 엘라 베이커(Ella Baker)와 마블 쿠크(Marvel Cooke)의 연구에서 묘사된 브롱크스(Bronx) 노예시장의 흑인 여성이나,[21] 까페시아의 두 번째 소설 『하얀 흑인 여자』에 나오는 경멸스럽고 동정심마저 일으키지 못할 정도로 몸을 내다파는 마르띠니끄 흑인 여성

---

21 다음 자료를 참고할 것. Joy James, "Ella Baker, 'Black Women's Work,' Activist-Intellectuals," *Spoils of War : Women of Color, Cultures, and Revolutions*, ed. Sharpley-Whiting and White(Lanham, Md. : Rowman & Littlefield, 1997).

들을 연상시킨다. 그러나 까페시아의 『나는 마르띠니끄 인이다』와 『하얀 흑인 여자』 연작은 이들 흑인 여성의 물질적 현실과는 매우 다른 양상을 띤다. 이에 페미니스트들의 관찰은 간단히 이 소설들을 나열하는 데 머무르지 않는다. 두 텍스트에서 주인공은 초기의 세탁부에서 나중에 술집 주인으로 변모하는 사업가로서 자기 만족을 충족시키는 인물로 조명받는다.

그녀는 『나는 마르띠니끄인이다』에서 프랑스 사무관 앙드레(André)를 경제적인 유동성, 안정과 그의 존재 외의 다른 것들을 위해 이용(use)하기를 거부한다. 심지어 앙드레가 "자신을 창녀처럼 다루"지만, 만약 그가 "그녀에게 돈이 되지 않는 물건을 준다"면 오히려 마요뜨는 그가 자신을 무시하지 않는다고 믿었을 것이라며 그 사무관의 다이아몬드 금반지를 받지 않는다(145쪽). 대신 마요뜨가 앙드레에게 금메달 장식을 준다. 한번 마요뜨가 사무관의 집으로 들어갔을 때 그녀는 자신이 "합법적인" 여성임을, 즉 그의 사랑을 받을 만한 위엄과 가치가 있는 인물로 내세우기 위해 음식, 관리인과 세탁비용을 지불한다(148쪽). 그가 생활비를 그녀의 지갑에 넣어두자 그녀는 분노하며, "어느 날 아침 나는 내 지갑에서 예상치 못한 돈을 발견했죠. 처음으로 나는 앙드레에게 미칠 듯이 화

가 났어요." 그래서 마요뜨는 "그 돈을 당신의 서랍에 다
시 넣어뒀어요. 난 결코 내 사랑과 봉사를 팔지 않겠어요"
라며 그에게 외친다(147쪽). 앙드레가 그녀의 가치에 대한
진실된 증표로 수표를 남기고 마요뜨를 떠난 이후, 그녀
는 그가 아들 프랑소아(Francois)를 알아채고 경제적으로
돕게 만들기 위해 합법적으로 그를 따라가기마저 그만둔
다.

　페미니스트 비평가들은 까페시아의 독자적 수행력
을 부정하거나 최소한 그녀의 자율성과 수행력을 파농이
제시했던 것보다 더 제한한다. 이들의 논리에 따르면, 식
민지의 흑인 여성이 그녀의 압제자를 감정적이고 성적으
로 응하는 단 한 가지 방식은 극단적인 경제적 결박상태
에서만 일어난다. 반면, 흑인 여성이 **욕망**(*desire*)하거나 "사
랑"(love)하고 혹은 "적과 동침"(sleep with the enemy)하는 일
은 설명할 수 없게 된다. 강철로 의지와 육체를 무장한 흑
인 슈퍼우먼의 이미지에 가려지고 이들 분석의 겹겹 속
에 끼워져 이들 비평가들은 결국 식민주의와 체계적인 인
종주의 및 성차별주의가 식민지인들의 심리에 미치는 위
협적인 영향을 충분히 이해하지 못한다.

　안드레이드와 같은 비평가가 내세우는 사회경제적
특권 때문이 아니라면 백인 남성을 향한 마요뜨의 욕망

은 무엇을 의미하는가? 여기서 우리는 억압이 어떻게 피부색과 연결되는지에 대한 파농의 의학적 관찰을 되짚어 볼 필요가 있다. 『검은 피부, 하얀 가면』을 보면 "여성이 원하는 모든 것은 그녀의 삶에 조금이라도 백인다운 면모를 갖추는 것이다"라는 말이 나온다(42쪽). 그녀의 동기는 존재심리적인 콤플렉스를 반영한다. 앙드레의 사랑은 처참하리만큼 비인간적인 식민세계에서 마요뜨를 인간답게 만든다. 그녀는 "그녀 자신을 다른 백인들과 동등하게 볼 수 없다"(『나는 마르띠니끄인이다』, 42쪽). 그러나 앙드레가 그녀를 사랑하면서, 마요뜨는 백인들의 사랑을 받을 가치가 있으며 곧 프랑스 여성처럼 사랑받고 있음을 증명한다. 여기서 그녀는 프랑스 여자가 된 것이다(『검은 피부, 하얀 가면』, 63쪽).

파농의 비판을 인용한 버그너는 찰스 램 마크먼(Charles Lamm Markmann)이 번역한 『검은 피부, 하얀 가면』을 매우 충실하게 따른다. 앞서 인용한 번역인 "건전하지 못한 행동"(unhealthy behavior)은 사실 피부색으로 열등해지는 현상을 의학적으로 탐구한 파농과 보조를 맞추는 것 이상이다. 버그너는 그녀의 논문 중 22번 주석에서 밝히듯 번역상의 두드러진 차이들을 인식한다. 그러나 그녀는 번역이 "타락을 칭송하는 설교"(a sermon in praise of corruption)이든 "건전하지 못한 행동"이 되든 까페시아가 저급한 영향을 미쳤음은 분명한 사실이라고 못박는다. 그러나 정말 그런가? 버그너가 변명을 하듯 성적 부도덕성으로 인한 타락을 칭송하는 설교는 명백히 그나 그녀 자신의 정신적·육체적 건강에 "해로운"(unhealthy) 행동에 탐닉하는 누군가를 정확하게 뜻하지만은 않는다.

『나는 마르띠니끄인이다』를 "경제적·성적 자율성을 성취하려는, 그럼에도 간혹 백인성을 수용하는 위험에도 빠지는 흑인 여성의 보기 드문, 당돌하고 활기찬 대변인"[22]으로서 낭만적으로 해석하고, "건전하지 못한 행동"의 심도 있는 수위에서 제시하지 못하는 한계들은 까페시아가 쓴 맥락 밖으로 식민주의를 이해하는 새로운 틀을 상정하게 만든다. 이 식민주의의 틀은 기본적으로, 식민 주체들의 심리상태와 관련하여 첨예한 인종적·성적 불쾌함을 들춰낸다. 이에 파농을 다시 보자.

> 흑인을 흠모하는 (백인) 남성은 흑인을 혐오하는 이와 마찬가지로 "병"들었다. 바꿔 말하면, 그나 그녀의 인종을 백인(혹은 백인의 가치를 인정받는 사람)으로 바꾸길 원하는 흑인은 백인에 대

---

22 Bergner, "Who Is That Masked Woman?," n. 23.

한 증오를 설파하는 흑인과 마찬가지로 끔찍하다(『검은 피부, 하얀 가면』, 8-9쪽).

흑인 혐오증(negrophobe)과 흑인 애착증(negrophile)을 이국적으로 미화하는 일은 백인 혐오증(caucaphobe)이나 백인 애착증(caucaphile)과 마찬가지로 감정적인 불구상태를 가리킨다. 흑인이 자신을 하얗게 만들거나 검은 육체에서 백인이나 더 하얀 육체로 도망치려는 욕망은 흑인이 감정적 과민증을 겪고 끔찍한 상황으로 퇴보했음을 가리킨다. 그렇다면 마요뜨 까페시아는 분명히 끔찍하다. 까페시아는 흑인 혐오자이고, 『하얀 흑인 여자』에 대해 우리가 논하겠지만 흑인 흑인 **여성** 혐오자(a black black*femme*phobe)이기까지 하다.

나는 내가 그것을 자랑스러워함을 깨달았다. 나는 확실히 백인의 피가 섞인 사람일 뿐만 아니라 백인 할머니를 두었지 않은가? … 따라서 내 엄마는 혼혈이지 않는가? … 이제서야 나는 그녀가 그 어떤 때보다 더 아름답고 총명하고 교양 있음을 발견했다. 만약 그녀가 백인 남자와 결혼했더라면 나는 아마 완벽한 백인이 되지 않았을까? … 그리고 인생은 이렇게 힘들게 돌아가지 않았을 텐데? … 나는 우리의 사제(백인 천주교 수사^{역주})에 대해 생각하는 것을 멈출 수 없었고, 결국 나는 백인 남자, 파란 눈을 가진 밝은 머리 색의 프

랑스 남자밖에 사랑할 수 없음을 깨달았다(『나는 마르띠니끄인이
다』, 59쪽).[23]

백인성은 아름다움, 지성과 특권을 상징한다. 그녀의 모
친은 이러한 백인성 때문에 갑자기 마술과도 같이 사춘
기 소녀의 눈에 "더 아름답고 총명하고 교양 있는" 여성
으로 변모한다. 식민치하의 마르띠니끄에서 흑인 여성들
의 산 경험은 사실 고난스럽다. 따라서 우리의 여주인공
은 백인이 될 수도 있었음을 떠올리며 잠시 위안을 받는
다. 그러나 까페시아는 백인 여성이 될 수 없기 때문에 그
녀는 최소한 백인 남성의 사랑을 받을 때, 이 사랑이 그녀

---

23 마요뜨 아버지의 잔인함에 관한 많은 논의가 있다. 다음 책을 참고할
것. Isaac Julien, *Frantz Fanon : Black Skin, White Mask*. 그러나 우리는
마요뜨가 앙드레에게 버림받은 적이 있으며, 두 팔을 들고 그녀를 환
영하고 그녀가 도덕적 지원을 받도록 한 이가 바로 그녀의 아버지임
을 기억해야 한다. 그는 어떤 질문이나 충고도 없이 그녀의 아이를 받
아들인다. 그리고 마르띠니끄의 여자들이 그녀를 자기 민족의 배신
자라고 비난하고 그녀와 그녀의 아이를 추방했을 때도 그녀의 아버
지는 아이의 손을 잡고 그의 사랑과 지지를 보여준다. 마요뜨는 아이
를 그의 흑인 할아버지에게 소개할 때 아들이 뒤로 물러선 것을 떠올
리며 아버지의 몸짓에 매우 감동한다. 마요뜨는 아이가 흑인을 자신
과 뒤늦게 연결시킨다고 말하며 그 상황을 변명한다. 그러나 그는 아
이일 뿐이다. 그리고 아이는 확실히 인종주의적 행동을 배웠다. 만약
피부색과 인종의 문제가 마요뜨의 귀결이 아니라면 왜 그 소년이 뒤
로 물러섰겠는가?

를 흑인 여성의 육체에서 자유롭고 가치 있게 하여 궁극적으로는 그녀가 존엄한 인간으로 살 수 있게 할 것이라고 믿는다. 그러나 앙드레는 의사 바로(Dr. Barot)가 쓴 『서아프리카에 있는 유럽인을 위한 행동 지침서』(*Guide pratique de l'Européen dans l'Afrique Occidentale*)가 제시하는 바를 지침서 삼아 충실히 따를 뿐이다. 이 책에 따르면, "2년에 걸친 엄격한 금욕을 견디어낼 충분한 도덕적 힘이 모자란 사람은 원주민 여성을 잘 골라 일시적인 관계를 가질 수 있다."[24] 그래서 앙드레는 까페시아와 2년 동안 동거한다.

여주인공이 성적으로 착취당하여 임신까지 하고 아이가 태어나기 며칠 전 프랑스 사무관에게서 버림받은 후 마요뜨는 『나는 마르띠니끄인이다』에서 다음과 같은 깨달음으로 끝을 맺는다. "나는 오직 백인 남자와만 결혼하기를 원했다. 사실 유색 인종 여성은 절대로 백인 남성의 눈에 존경받을 만큼 가치 있게 보이지 않는다. 그가 그녀를 사랑할지라도 나는 이 사실을 알았다"(202쪽).

확실히 까페시아의 체념에는 슬픈 구석이 있다. 파농이 백인 남자와 결혼하려는 까페시아의 욕망을 "무자

---

[24] Barot, *Guide pratique* (Paris, 1902), 329.

비"하게 비난했음을 몰랐다 하더라도 까페시아 역시 스스로의 흑인 혐오증과 자기 증오에 무자비하다. 『나는 마르띠니끄인이다』 전체에서 이 작품의 당돌한 어조(마요뜨 까페시아가 그녀의 자전적 서술을 보여주는 모든 권리를 갖기 때문에 그래야겠지만)로 나타난 솔직함으로 인해 "건전하지 못한 행동"은 뛰어난 행동으로 여겨진다.

이쯤에서 사랑의 불완전성을 탐구하려는 파농의 노력은 다시 검토되어야 한다. 진실한 사랑은 갈등이 없다. 그러나 까페시아와 앙드레 모두 그들 각자 열등함과 우월함의 사회구조 속에 묶여 있다. 그녀는 흑인과 여성에게 호의적이지 않은 세계에서 그에게 거의 가치가 없지만 앙드레는 같은 세계에서 가치 있다. 동시에 파농은 참을성 없이 경멸적인 독설을 까페시아에게 쏟아내면서도 그녀의 인종 간 관계를 엄밀한 의미에서 연결짓지 못하고, "흑인 남성의 가부장적 권위를 확실시 하기 위해 흑인 여성의 섹슈얼리티와 경제적 자율성을 제한"[25]하려는 그 자신의 욕망 또한 발견하지 못한다. 다만 파농은 그녀의 욕망을 분명히 제시한 데서 그녀가 고백한 내면화된 억압만을

---

[25] Bergner, "Who Is That Masked Woman?," 81.

밝힌다. 파농의 비판은 인종적 불안이나 이국적 취미가 없는 진실한 사랑을 표현하는 방향으로 독자를 유도한다. 그러나 사랑, 좀 더 구체적으로 백인 남성의 사랑은 회피와 보상의 전략이자 흑인 여성의 육체에서, 즉 흑인 여성성의 역사적 현실로부터 자유롭게 되는 수단(moyen)으로서, 언어에 깔린 흉내내기 전략과 마찬가지로 종국에는 아무 쓸모가 없다.

까페시아의 감정적 과민증에 대한 파농의 진단은 이 유색 인종 여성에게만 특별히 적용될 뿐, 다른 모든 식민지의 유색 인종 여성을 구체적으로 가리키지는 않는다. 파농이 수긍하듯이 "백인 남성을 상대하는 흑인 여성의 일반 법칙을 니니(Nini)[26]와 마요뜨 까페시아의 행동에서 추측하려는 노력은 순전히 사기이다"(『검은 피부, 하얀 가면』, 81쪽).

사랑이 회복의 능력을 발휘하지 못하고, 이에 마요뜨 까페시아가 자신의 실패를 깨닫는 장면은 『나는 마르띠니끄인이다』의 대결말을 향해 안타깝지만 분명하게 나아간다. 그녀와 그녀의 아들 프랑소와는 앙드레를 따라가

---

26 『니니』(Nini)는 압둘라예 사드지(Abdoulaye Sadji)에 의해 쓰여졌다. 그는 『현대 아프리카』에 자주 기고하던 작가이다.

기 위해 과델루프(Guadeloupe)를 향해 떠난다. 물론 그녀의
식민지 여권은 거절당한다. 그럼에도 불구하고 그녀는 프
랑스인 관리에게 "r" 발음을 삼키는 사투리로 간청하며
"다른 누구와도 마찬가지로 나는 프랑스 여성이에요"(Je
suis F'ançaise, tout comme aut', 178쪽)라고 말한다. 그러나 프
랑스인 지휘관은 그녀가 "네가 유색인 여자라는 사실을
잊은 모양"(forget [ting] that you are a woman of color)이라는 점
을 다시 한 번 각인시킨다(181쪽).

　　식민지인이 겪는 전형적인 정체성의 위기는 파농이
『대지의 저주받은 자들』에서 다룬 정신 이상자들의 치료
에 묘사되듯 "현실에서 나는 누구인가"라는 질문처럼 여
기서도 나타난다(250쪽). 마요뜨는 프랑스 남자의 "사랑
을 받았기" 때문에 스스로가 프랑스 여자라고 믿는다. 그
러나 그녀는 프랑스 여자가 아니었다. 파농 식으로 따지
자면, 근거는 그녀의 "r" 발음을 삼키는 사투리와 그녀의
검은 피부에 있다. 그녀는 **프랑스인**이 아니며, 다만 **마르띠
니끄인**일 뿐이다. 프랑스 남성이 백인 남성만을 의미하는
것과 마찬가지로 프랑스 여성은 오직 백인 여성만을 가리
킨다. 그녀의 할머니가 백인이었다 할지라도 까페시아는
부정할 수 없는 "원주민"이다. 따라서 이 소설은 제목 『나
는 마르띠니끄인이다』 그대로 비참한 현실에 대한 마르

띠니끄 여성의 깨달음을 보여준다.

억압에 관한 파농의 현상학은 특히 마요뜨 까페시아와 같은 식민지의 유색인 여성의 탈인간 소외를 구별하는 데 유용하다. 사랑은 열등한 원주민을 위한 해방, 보상과 흉내내기의 원천으로서 전략적인 역할을 하지만 결국 쓸모없게 된다. 널리 읽히지 않은 까페시아의 반자전적 소설인 『하얀 흑인 여자』(1950)의 독해를 둘러싼 페미니즘적 갈등 가운데 억압에 대한 파농의 심리학으로 돌아가 보자.

이 작품은 수상한 경력은 없지만 출판 당시 프랑스 서평들의 호평을 받았다. 예를 들어, 비평가 로베르 꼬아플레(Robert Coiplet)는 다음과 같이 말한다.

> 마요뜨 까페시아 양의 문체는 생동감 있고, 그녀의 서술은 유쾌하고 자유롭다. … 『하얀 흑인 여자』는 이같은 어조로 쓰였다. … 이 소설은 술집에 즐겨 드나드는 혼혈 여성의 이야기이다. 스무 살인 그녀는 그녀보다 밝은 피부색을 가진 세 살짜리 아들을 두었다. 그녀의 흑인 혈통은 그녀를 조롱하며 모욕감마저 안겨준다. 그녀는 프랑스로 가기 위해 그 땅을 떠날 것이다.[27]

---

27 Robert Coiplet, "*La négresse blanche*(revue)," *Le Monde*(April 22, 1950) : 7a.

까페시아의 여주인공은 흑인 혈통의 멍에 때문에 모욕을 당한다. 식민 억압 그 자체가 아니라 이 억압의 심리적이고 물질적인 발현인 흑인성이 그녀가 겪는 고뇌의 본질적인 원인이다. 이같은 존재론적 딜레마에 대한 그녀의 뒤틀린 반응들은 싸구려 동정심부터 마르띠니끄 섬의 흑인들에 대한 증오에까지, 백인들에 의해 흑인 여자가 아닌 그 누구로 인정받고 싶은 열망에까지 퍼져 있다. 그러므로 우리는 까페시아의 흑인 여성 혐오증(black*femme*phobia)에 특히 주목해 읽어볼 필요가 있다. 그녀의 흑인 여성 혐오증은 그녀가 종종 흑인 여성성을 경멸하고 과도하게 성적으로 묘사된 이미지로 이들을 전형화한다는 데서, 그리고 주인공이 지속적으로 그녀 자신을 흑인 여성과 "다르다"거나 한층 상위에 있다고 여기려 노력할 때 두드러진다.

파농이 까페시아에게 공헌한 바에 대한 애들러 식의 칭송은 더 이상 백인 남성의 사랑에 국한되지 않고 혼혈 여성의 정체성 측면에서 필연적으로 흑인성을 초월하려는 노력을 확실히 흑인 여성의 열등감과 연결지은 데까지 나아간다. 유색 인종 여성(즉, 흑인 여성)의 존엄성에 관해 내린 까페시아의 결론을 보자면 『하얀 흑인 여자』에서 흑인 여성성을 초월하려는 욕망은 그칠 줄 모른다.

까페시아에게 유색 인종 여성은 상당한 정도로 피부가 검은 여성을 말한다. 까페시아는 혼혈 여성으로서의 정체성을 세우면서 작가의 주인공이 백인은 아닐지라도 가장 중요하게 흑인 역시 아닌 것처럼 지속적으로 묘사된다. 그러나 우리의 고찰이 밝히겠지만, 그녀에게 백인으로의 초월은 의심할 바 없이 궁극적인 목표이다.

『나는 마르띠니끄인이다』의 성공 이후 2년간 집필된 『하얀 흑인 여자』는 스물 다섯 살의 이소르(Isaure)에 관한 이야기이다. 『나는 마르띠니끄인이다』의 이야기 구성은 『하얀 흑인 여자』에서 비슷한 전개로 이어진다. 여주인공 이소르는 프랑소와라는 아이를 돌보는 마르띠니끄 독신 엄마로, 몇 해 전 백인 끄리올 남자에게 농락당하고 버림받은 후 남겨진 아이를 홀로 기른다. 이소르는 어릴 적 친구였던 백인 남성 파스칼과 결혼할 예정이고, 그는 가족의 가난 때문에 끄리올 백인들에게 쫓겨났음에도 불구하고 그의 가족은 그가 흑인 여성과 결혼하는 것을 반대한다. 게다가 아이러니하게도 파스칼은 마르띠니끄 섬의 "흑인"들을 이해하고 심도 있는 애정을 갖고 있다고 밝히면서도 그의 아내 이소르가 완전한 흑인은 아니라고 주장한다. 그와 이소르, 그리고 프랑소와는 파스칼이 흑인 원주민을 관리하던 설탕 농장에서 산다. 임금 불평등과 식민지의 부당함이 최고조에 이르자 파스칼은 그가 사랑하고 (잘못) 이해했던 "야만인들"(savages)에게 잔인하게 살해당하고, 이소르는 프랑스를 향해 마르띠니끄를 도망친다.

파농은 까페시아의 이 작품에 대해 다음과 같이 쓴다.

이 책에서 누군가 흑인을 재평가하려는 시도를 보인 점을 고려하면 그녀는 전작의 실수들을 깨달은 게 분명하다. 그러나 마요뜨 까페시아는 그녀 자신의 무의식은 깨닫지 못했다. 이 소설가가 자신의 인물들에게 약간의 자유를 허락하자마자 그들은 이 자유를 흑인들을 과소평가하는 데 쓴다. 그녀가 묘사하는 모든 흑인들은 이런저런 방식으로 반범죄자(semi-criminal)이거나 "열라 좋은"(sho good) 흑인(niggers)들일 뿐이다.

게다가 여기서 독자는 무슨 일이 일어날지 훤히 알게 되는데, 마요뜨 까페시아는 결정적으로 그녀의 나라(프랑스[역주])로 주인공을 돌려보낸다는 것이 맞는 말이다. 두 작품에서 모두 그녀의 여주인공들에게 남겨진 단 하나의 길은 도망치는 것이다. 흑인의 조국은 단호하게 저주받았다(『검은 피부, 하얀 가면』, 52-53쪽, 주석 12번).[28]

---

28 망명은 탈식민주의와 식민주의 글쓰기에서 계속 나오는 주제이다. 그러나 까페시아가 추구하는 망명은 망명문학의 전통적인 패러다임

소설의 시작 장면부터 흑인들은 성적으로 시기심에 차 있고 "(도덕적으로) 추잡한 흑인"(*sales nègres*, "dirty niggers")로 묘사된다. 주인공의 술집에 자주 들르던 백인 식민 관리가 흑인들의 성행위들에 관해 물어볼 때, 이소르는 "그들은 끝내주는 열정으로 사랑(잠자리)을 할 수 있죠. 나는 흑인과 사랑을 해본 적이 없어요. 그들은 나를 구역질나게, 소름 끼치게 만들거든요"라고 대답한다(12쪽).

이소르는 식민주의자들이 그러하듯 흑인(남성)의 섹슈얼리티에 대한 공포심을 나타낸다. 이 문장에서 흑인 남성은 이름하여 과도한 성기와 과한 성적 충동으로 광포한 성의 세계로 들어갈 열쇠를 쥔 인물로 형상화된다. 흑인은 생물학적 집단이고, 고로 생물학적 위험을 상징한다. 파농과 더불어 미셸 꼬르노(Michel Cournot)는 흑인 남성의 섹슈얼리티에 관해 다음과 같이 설명한다.

―――

과는 상응하지 않는다. 그녀는 인종적 정체성을 피해 프랑스로 가기만을 갈망한다. 그러나 정확하게 말하자면 거대 국가에서 바로 이같은 인종적 정체성들에 대한 관념이 탄생했다. 다음 자료를 참고할 것. M. Salvodon, "Contested Crossings : Identities, Gender, and Exile in *Le baobab fou*," *Spoils of War : Women of Color, Cultures, and Revolutions*, ed. Sharpley-Whiting and White (Lanham, Md. : Rowman & Littlefield, 1997).

> 흑인 남자의 칼(흑인 남성의 성기를 가리킴**역주**)은 칼 그 자체이다. 그가 네 아내(백인 여성 역주**역주**)에게 그의 칼을 밀어넣을 때, 그녀는 진짜로 뭔가를 느낄 것이다. 이 모든 사실이 폭로되고 말았다. 남아 있는 틈 사이로 네 작은 장난감(백인 남성의 성기를 가리킴**역주**)은 길을 잃는다. 그 방이 네 땀으로 씻겨내려 갈 정도로 펌프질을 할 수 없다면 차라리 너는 노래나 부르는 게 더 나을 것이다(『검은 피부, 하얀 가면』, 169쪽).

그러나 이소르는 자신이 힘 좋은 검은 칼에 베인 틈이 없는, 즉 흑인 남성에게 몸을 망치지 않았다고 주장한다. 이 같은 통념은 마찬가지로 그녀의 성충동을 그녀가 그렇게 도망치고 싶던 흑인 여성 육체가 갖는 상상 속의 음탕한 우주 안에 결박시키는 셈이다.

이소르는 자신의 성적 순결함을 밝힌 후에 그녀의 흑인 혐오증(Negrophobia)을 곱씹는다.

> 정말이지 그녀는 단 한번도 흑인 애인을 가진 적이 없었다. 아마도 유일한 이유는 열 일곱 살이었던 그녀의 마음을 빼앗고 매우 하얀 피부를 가진 아이를 낳게 한 첫사랑이 백인이기 때문이리라. 첫사랑은 한 인생을 좌우한다. 그 인생은 매우 다른 양상으로 전개될 수도 있었을 것이다. 만약 결혼했었다면, … 흑인하고 말이지, 백

인의 애첩으로 사는 것보다 더 가치 없었을까? 최소한 아이들이 사생아는 아니었을 텐데(12쪽).

"흑인과의 결혼은 백인의 애첩으로 사는 것보다 더 가치 없었을까?"라는 가치를 둘러싼 수사학적 질문을 주인공은 간단하지 않게 내놓는다. 인간성의 규모가 균형에 맞지 않기 때문에 이소르가 볼 때 합법적인 흑인 자식들은 혼외의 "백인에 가까운" 자식들보다 비교적으로 덜 비중 있고 덜 소중하다.

이소르는 한 손님을 심지어 **추잡한 흑인**(sale nègre)이라고 부르면서 같은 민족을 자신의 술집에 들이는 것조차 거부한다. 그러나 그녀는 이같은 지각 없는 행동에 대해 법원에서 처벌을 받는다. 판사는 그녀에게 "마르띠니끄는 미국의 일부 지역이 아니기 때문에 누구도 '흑인'(black)과 '검둥이'(nigger)를 같은 의미로 쓸 수 없다"라고 선포한다(13쪽).

그러나 기본적으로 작가의 자서전에 나타나 있듯 까페시아의 『병든 피부색』(mal de couleur)[29]을 구체화시킨 이

---

29 역주_ 직역하자면, 피부색병 혹은 유색인병(color-sickness)이지만 자연스러운 한국어 표현을 위해 병든 피부색이라고 번역하였다.

소설의 제목은 직설적으로 와닿는다. 제목『하얀 흑인 여자』는 까페시아의 사업가적 노력이나 『나는 마르띠니끄인이다』의 세탁부가 더 하얗게 되고 싶다는 욕망을 가리킨다는 파농의 주장을 뒷받침한다(『검은 피부, 하얀 가면』, 45쪽). 이소르는 혼혈아의 입장에서 흑인성과 백인성 모두를 거부하면서 그녀의 인종적 정체성과 투쟁한다. 그녀는 물라토(백인과 흑인 혼혈)라고 간단히 주장할 수는 없지만 흑인 여자라는 말조차 받아들이지 않는다. 이처럼 자신을 어떤 인종으로도 규정하지 않으려는 노력은 흑인성으로부터 도망치려는 명백한 욕망에 의해 무용지물이 된다.

까페시아의 여주인공은 "홀로, 흑인도 백인도 아닌" 존재로 심오한 소외에 대해 곰곰이 생각하고, 심지어 인종 범주의 "부당함"에 대해 어느 정도 철학적인 생각을 끌어낸다. 이 점에서 인종은 완전히 허구처럼 보인다. 하지만 흑인 여성들에 대한 이소르의 모든 의견은 결국 인종주의 논리에 의해 뒷받침된다. 여주인공과 다른 흑인 여성들 사이에서 피부색으로 환원되는 피상적인 구별에 이은 구별은 차이의 뚜렷한 증거로 제시된다. 과일 색의 조합인 바나나, 코코넛, 오렌지와 커피 색을 띠는 그녀의 피부색에 더하여 그녀의 차이는 악명 높은 프랑스식 "r" 발음에서 명백해진다.[30] "그녀는 약간 음악 소리와도 같은 나긋나긋한 목소리를 가졌어요. 섬 소녀들의 억양은 영국 억양과 비슷하죠. 모든 흑인 소녀들이 완전히 'r' 소리를 삼키는 것은 아니죠"(9쪽). 더구나 이소르의 광대뼈는 "백인 얼굴의 외양"을 갖고 있다(10쪽). 그리고 그녀의 외모를 더욱 부각시키기 위해 주인공은 "그녀는 덜 검게 보인다고 생각해서 분홍색 분을 볼에 발랐다. … 항구의 까페에서 마주칠 법한 구역질나게 화장한 흑인 여자들과 달리 그녀는 과장하지 않았다"(92쪽).

까페시아는 **혼혈 여성**(*femme métissée*)의 확정적이지 않은 인종 정체성을 통해 이소르가 "흑인 소녀"에서 백인 여성으로 가는 행동, 억양, 외모와 같은 두드러진 차이를 매순간 상세하게 시간순으로 따라간다. 이같은 연차적 특징들이 이소르의 **혼혈성**(*métissage*)을 확인해 준다. 특히 「루시아의 사랑」(The Love of Lucia)이라는 장을 보면, 까페

---

30 흥미롭게도, 이 자전적 소설에서 까페시아는 다른 흑인 여성들이나 원주민들처럼 "r" 발음을 삼킨다. 심지어 이 책의 앞부분 전체에서 이같은 끄리올 문화가 자주 나타난다. 앙드레는 까페시아에게 "r" 발음을 굴리도록 가르치려 애쓰지만, 그녀가 독자에게 말하듯 그녀의 혀가 잘 따라주지 않는다. 또 다시 흑인의 육체에서 도망치려는 욕망은 오직 백인 남성의 사랑을 통해서만 예견된다. 소설에서 이같은 탈출 경로는 여러 차례 제시된다.

시아는 이소르의 참된 차이를 가늠할 수 있는 또 다른 척
도를 제공한다.

루시아는 "r" 발음을 삼키는, 이소르의 익살스런 하
녀이다. 까페시아는 루시아를 다음과 같이 묘사한다.

> (그녀는) 제대로 된 신발 한번 못 신을 인물이다. 다른 많
> 은 흑인 여자들처럼 그녀는 거대한 뒤꿈치를 가졌다. 그녀는 가장 순
> 수한 아프리카 혈통이다. 그녀는 두꺼운 입술, 평평한 코, 곱슬곱슬
> 한 머리와 빛나는 검은 피부를 가졌다. 그녀는 마르띠니끄 인구의
> 대부분을 차지하는 반백인과 반흑인들 사이에서 눈에 두드러지게,
> 어떻게 보면 그녀 나름대로 아름답다. 라벳 대부(Father Labbat)의
> 시대부터 내려온 노예 무역 상인들에 의해 들어온 그녀의 먼 조상
> 으로부터 그녀의 선조들은 다른 인종과 전혀 피가 섞이지 않은 게
> 분명하다. 단 한 방울의 백인 피도. … 일종의 친밀감만이 흑인 여성
> 과 혼혈 여성 사이에 형성되었을 뿐이다(34, 36쪽).

실제로 루시아의 순수한 흑인성이 인상학적 · 생리학적,
그리고 심리학적으로 끌어모아 조합됐듯이 까페시아의
비교와 대조는 자연 역사에 관한 19세기의 텍스트나 고
비노의 『인종 불평등론』(Essai sur l'inégalité des race humanines)
을 읽는 듯하다. 까페시아에 따르면, 조상에게 물려받은
"그녀의 노예 근성"의 자취로서 이소르를 향한 루시아의

헌신과 복종, 그리고 자기 헌신적이고 애원하는 듯한 태도는 이소르가 백인 여성인 듯한 인상을 풍긴다(36쪽). 이소르는 루시아가 전해주는 많은 음탕한 성적 탈선 이야기에 탐닉하면서도 흑인 여성을 향한 이소르의 태도는 오만하게 은혜를 베푸는 듯하다.

> 여주인은 그녀의 모든 하인들의 끝도 없는 모험을 날마다 들었다. … 그녀는 발정 난 고양이보다 더하게 짜릿한 기쁨을 발견했다. 이소르는 알 수 없는 미소를 지으며 귀를 기울였다. 때때로 그녀는 동물보다 더 나을 것 없는 양심의 가책조차 느끼지 않는 이 흑인 여자가 부러웠다(36-37쪽).

이소르가 경멸적으로 루시아의 부주의한 방종을 시기하면서도 "몇 방울의 백인 피"를 가진 그녀는 완전히 다른 고차원적인 도덕성에 지배받는다. 반면, 루시아는 음탕한 흑인 여성의 전형으로 구체화된다. 이 흑인 여성은 그녀의 원초적 육체, 특히 가난한 백인(bekes)과 심지어 더 가난한 "추잡한 흑인"과 양심의 가책도 없는 동물처럼 교미를 하는 성적 기구로 타락한다. 사랑은 오르가즘과 함께 소멸한다. 루시아는 영원히 응급조치를 위한 조망대에 놓여 있는 것이다. 루시아에게 사랑은 성행위이며, 성행위는 곧 사랑이다. 그래서 그녀의 어떤 사랑 이야기, 더 적절하게 여러 사랑 이야기들은 포만감을 위한 순전한 필요에서 이끌린다.

까페시아가 보자면 흑인 여성성은 야수성(bestiality)[31]과 부도덕성을 상징한다. 흑인 여성들은 까페에 추악하게 꾸미고 나온 매춘부들이거나 루시아처럼 창녀 기질을 갖는다. 그들은 이소르에게 비정상이요, 혐호감을 불러일으킨다. 동시에 흑인 여성들은 이소르를 그들의 존재와 주변부로 끌어내림으로써 그녀가 자기 정체성을 찾아가게 하는, 곧 이소르의 거울이다. 그러나 누군가는 소설의 첫부분에 나오는 것처럼 여러 사람들이 섞여 사는 마르띠니끄에서 왜 이소르가 이같은 심각한 소외를 표현했는지 의아할 것이다. 왜 소설의 끝에서 작가는 그녀가 흑인도 백인도 아닌 "인종을 규정할 필요가 없는"(raceless) 나라로 망명하기를 모색하는 것일까? 그리고 마침내 인종을 규정하지 않는 모호함에 쌓인 흑인성에서 도망치려는 욕망과 스스로 자행한 망명은 어떻게 흑인 여성에 대한 그녀의 경멸과 연결되는가? 파농의 대답은 간단하다. 과

---

31 역주_ bestiality는 짐승스러운 성질과 성적 도착 두 가지 의미를 모두 갖는다.

도하게 성적인 흑인 여성들 중 스스로를 하얀 흑인 여자로 인식하려는 노력은 매우 쉽게 잘 쓰여진 문장에서 엿볼 수 있다. 가장 중요하게, 파농은 이를 흑인 여성성이 표상하는 "흑인다움의 구덩이에 빠지지 않으려"는 증거로 설명한다(『검은 피부, 하얀 가면』, 47쪽).

　따라서 우리는 파농에 대한 페미니스트들의 앞선 비판을 관찰함으로써 파농과 까페시아를 다시 읽고 우리의 논의를 마무리지을 것이다. 파농이 진보적 페미니스트들의 페미니즘 패러다임에 맞지 않기 때문에 그를 반페미니스트이자 반캐리비안 유색인 여성주의자라 비난하는 태도(anti-Caribbean woman of color)는 파농을 여성 혐오주의자라는 포스트모던 신화 가운데 남겨두면서 그의 지적·실용적 완결성을 훼손시킨다. 마요뜨 까페시아에 대한 파농의 살벌한 비판과 다른 대중 소설가, 시인, 흑인 의식 옹호자와 콩쿠르상 수상자인 르네 마랑에 대한 그의 "동정적인" 독해에서 그럴 듯하게 성불평등한 요소를 읽어낸 페미니스트들의 주장은 "자명한 이치"로 보인다. 특히, 르네 마랑은 『나는 마르띠니끄인이다』의 출판 한 해 전에 『타인과 같은 남자』를 썼다.[32]

　파농의 관찰에서 엿들을 수 있는 "동정적인" 목소리는 무엇인가? 가령, "쟝 베누즈는 거지이다. 그는 백인 사내의 눈에서 양보와 허락만을 찾았다"거나, 『타인과 같은 남자』는 조직적인 병폐에 구애받지 않고 두 인종의 관계를 만들려는 시도이고 속임수이다고 설명하는 것을 의미하는가? 파농이 베누즈의 복잡한 신경증을 폭로하면서 "베누즈는 도살된 운명에 처한 어린 양이다. 다 같이 노력하자"라는 제안은 더 나은 경우인가(『검은 피부, 하얀 가면』, 76, 80, 66쪽)? 그러나 베누즈는 심각한 "신데렐라 콤플렉스"에 시달리며 "남들과 동등하게 자신이 한 인간이라는 것을 증명해 보이고 싶어하는" 인물에 불과하다(『검은 피부, 하얀 가면』, 77, 66쪽).

베누즈는 공격적이고 부정적인 유형의 자포자기 신경증 환자(abandonment-neurotic)이다(『검은 피부, 하얀 가면』, 80쪽). 인종, 더 자세하게 흑인성은 인간 소외의 가면 역할을 한다. 베누즈의 육체적 위기들은 정체성 내면에서 기인하는 반면, 까페시아의 육체적 위기들은 문화로부터 발생하고 정체성의 부재에서 나온다. 즉 흑인성은 베누즈가 그의 신경증을 객관적으로 바라보는 도구로서 작용한다. 이

---

32 마랑은 1921년 그의 소설 *Batouala*로 문학상을 수상했다. 그는 또한 *Le Coeur serré*(1931)와 아프리카에 관한 다큐멘터리(*Le Tchad*, 1931)를 제작했다. 그는 흑인 정신 운동의 선구자로 불리며, 파리에 위치한 그의 집에 많은 아프리카와 캐리비안 연안의 작가들을 초대했다.

도식에서 파농은 까페시아보다 차라리 베누즈가 그의 외
모—그의 흑인성—때문에 악화된 고질적인 신경증을 앓
는 무능한 인물로 조명한다. 까페시아의 예에서 흑인 여성
과 백인 남성의 전형적인 행동방식을 추론할 수 없는 것
처럼, "객관성은 비슷하게 부족하겠지만 나는 베누즈의
태도를 유색 남성의 경우로 확장하고자 한다"(『검은 피부,
하얀 가면』, 81쪽).[33]

분명히 흑인 여성들이 흑인 남성과는 다른 방식으

---

33 René Maran, *Unhomme pareil aux aures*(Paris : Arc-en-Ciel, 1947),
185. 안드레이드는 또한 백인 여성과 흑인 남성이 인종 간 성관계를
다소 낭만적이거나 가능하다기보다는 포기해야 할 것으로 식민지인
들에게 인식된다는 식의 파농의 논의는 결국 파농 자신의 인식을 반
영한다고 주장한다. 따라서 그는 흑인 여성을 부정함으로써 백인 여
성에게 수행자로서 자격을 주는 셈이다. 그러나 파농은 순전히 기만
당한 앙띠유인들을, 특히 마요뜨 까페시아와 베누즈의 관계들을 상
정하면서 의견을 밝힐 뿐이다. 까페시아는 어떤 백인 여자도 마르띠
니끄인을 원할 수 있다는 사실에 기겁했다. 따라서 그녀의 백인 조모
는 그녀의 조부로부터 무척 사랑을 받아야만 했다. 몇 천 명의 물라
토들의 자취에 남겨둔 채 자행되는 백인 남성의 흑인 여성에 대한 지
속적이고 그리 비밀스럽지 않은 성적 착취 때문에 까페시아는 그녀
의 모친이 수풀 속에서 생기지 않았다고 믿을 수 있다. 사실은 오늘날
까지도 미국에서 대부분 백인과 흑인의 인종 간 관계는 백인 여성과
흑인 남성의 관계이며, 이 사실은 유색 인종 여성은 백인 남성의 눈에
모두 존경할 만하게 보이지는 건 아니라는 까페시아의 결론과 맞닿
는다. 연구들은 아프리카계 미국인 여성은 최소한 그들 인종 밖의 이
들과 결혼할 수 있음을 보여주지만, 이 결과가 선택인지 아닌지는 논
의의 여지가 있다.

로 억압받는 반면, 혹자는 까페시아의 복잡성을 그녀의 성적 착취 관계에서 설명할지 모르지만, 그렇다면 페미니스트 문학 비평가들의 파농에 대한 비판은 곧 까페시아가 흑인 여성의 성적·인종적 전형을 다시 각인시킨 데서 적용될 수 있음에도 오랫동안 이 점은 무시됐다.

극단적으로 다른 목소리를 다룬 저작들의 작가를 심리학적으로 접근한 파농의 분석은 페미니스트 문학, 문화 비평을 다루면서도 이상하게도 인종주의와 성적 인종주의의 논리를 함께 고려하지 않는다. 오드리 로드(Audre Lorde)는 비판적으로 이 특징을 꼬집는다. 그에 따르면, "인종주의와 성차별주의의 외부적 표상들을 다루는 것이 자신과 다른 이들에 대한 우리의 의식 안에 내재된 이 둘의 왜곡의 결과를 찾는 것보다 쉬울 듯하다."[34]

마요뜨 까페시아의 관점에서 더 적절하고 설득력 있는 파농의 성정치학을 비판한다면 결국 그는 그녀의 성차별주의, 특히 그녀의 반흑인 여성 혐오증, 그녀의 인종 간 성관계를 탐구하지 않았다는 데서 찾을 수 있다. 유럽과 미국의 페미니스트 문학 비평가들의 파농에 관한 젠더

---

[34] Lorde, *Sister Outsider*, 147.

비평은 반인종주의, 반자본주의와 반여성-성차별주의 분석이 부족한 탓에 힘을 잃는 반면, 까페시아에 대한 파농의 분석은 반흑인 인종주의, 인간 소외와 경제적 병폐에만 고착됐다. 따라서 두 비판적인 분석 모두 벌어진 틈 사이에 남겨진 "맹점"을 갖고 있는 것이다.

까페시아가 흑인 여성이고, 더 중요하게는 그녀가 파농에 의해 열정적으로 다뤄졌기 때문에 실제로 흑인 페미니즘의 예로서 까페시아의 소설을 재구성하겠다는 의지는 한마디로 위험한 페미니즘 정치학이다. 무엇이 까페시아가 대변하는 바에 대해 그렇게 기운차게 하는가, 아니면 그 대변하는 바들이 누구를 기운차게 하는가? 혹시 이야기의 솔직함, 소설가의 깊은 내부의 인종적·성적·계급적 갈등들을 다루는 그녀의 개방성 때문에 페미니스트들은 이 작가에게 열정적인가? 까페시아의 작품들은 문제 있는 결론들 때문에 일방적으로 비난받기보다 진지하게 재분석되어야 한다. 진실로 벨 훅스가 그녀의 글 「페미니스트의 도전 : 우리는 모든 여성을 자매라고 불러야 하는가?」에서 밝히듯이, "우리에 대한 억압과 속박을 제도화하는 가부장적 사회에서 여성들이 목소리를 내기 시작했다는 것은 중요하겠지만, 이와 더불어 우리가 무엇을 어떻게 말하고 우리의 정치학이 무엇인지 또한 매우 중요하다."[35]

　　『검은 피부, 하얀 가면』에서 파농의 솔직함은 냉엄할 정도이지만 잔인하지는 않다. 흑인에게 적대적인 세계에서 흑인 남성과 여성의 육체는 지나친 상태로 상상된다. 흑인 남성들은 더 성차별적이고 폭력적이고 성적으로 구상된다. 그리고 흑인 여성들은 성적으로 문란하다고 비난받고 결과적으로 흑인이나 백인 남성들에게 더 쉽게 성적 희생양이 될 수 있지만, 종종 오직 흑인 남성들의 희생자로만 큰 반박 없이 부각된다. 이같은 구상들을 고려하면 마요뜨 까페시아가 성착취적인, 흑인 여성에 적대적인 식민상황의 다층적인 희생자라기보다 파농의 희생 제단에 어린 양으로서 페미니스트 글쓰기에 영원하게 평가된 것도 무리는 아니다.

---

35 bell hooks, *Black Looks : Race and Representation*(Boston : South End Press, 1992), 80.

식민주의, 민족주의, 그리고 근본주의

| 알제리 해방운동

나는 내 조국의 독립을 위해 싸우리라 결심했습니다. … 왜요?
… 왜냐하면 우리의 동기는 정당하기 때문이죠. 왜냐하면
무슨 일이 일어나건 우리는 반드시 성취하고 말 테니까요.

* 쟈밀라 보파차, 시몬 드 보르와르(Simone de Beauvoir)와
지젤 할리미(Gisèle Halimi)의 『쟈밀라 보파차』(*Djamila Boupacha*)

천사와 남자는 화합을 위해 일하지만
사탄과 여자는 분열을 위해 일한다.

* **알제리의 속담**

알제리! … 당신의 아들이 자랐을 때 그를 너의 형제처럼 대하라
라는 아랍의 속담이 있다. 쉽지 않은 일이겠으나
분명 아들은 남자가 되고 우리가 동격이자 우리의 형제가 된다.
이것이 누구나 이해했던 바다.

* **자크 수스펠르(Jacques Soustelle), 알제리 총독, 1955−1956**

베일을 벗은 알제리 여성은 혁명전선에서 점점 더 중요한 위치라고, …
칭송받던 책임자의 자리를 떠났다.

* 프란츠 파농, 『식민주의의 쇠퇴』

역사가들은 종종 알제리 독립혁명 전쟁을 프랑
스의 알제리 역사에서 "무명(無名) 전쟁"(The
War without a Name)으로 부른다. 말하자면, 이 전쟁은 알제
리 전투(the Battle of Algiers)[1]를 제외하곤 큰 전투도, 이름
난 개척자나 전투의 경계조차도 없었다. 전쟁은 알제리
에 거주하는 소수 유럽인들과 유럽계 후손들(pied-noirs)이
의식과도 같이 지켜보는 가운데 천주교 기념일인 1954년

---

[1] 역주_ 1954년부터 1957년까지 프랑스 식민통치에 저항하고 알제리 해
방을 이끈 알제리 민족해방전선의 투쟁이다. 후에 1965년 알제리와
이탈리아의 합작으로 폰테코르보(Gillo Pontecorvo, 본문에서는 Gilles
Pontecorvo로 쓰임)가 이 전투를 스크린에 옮겼다. 감독 자신이 제2차
세계대전 중에 레지스탕스 간부로 헌신했고, 후에 이탈리아 공산당에
서 활동할 만큼 독재권력에 대한 그의 정치적 저항이 잘 표현된 영화
이다. 역사적 사실을 바탕으로 허구적 인물을 내세운 작품이지만 흔들
리는 카메라와 거친 흑백의 화면, 무엇보다 역사적 고증에 철저히 바
탕을 둔 장면처리는 영화 도입부에서 다큐멘터리가 아니라는 사실을
따로 언급해야 할 정도로 사실적이었다. 1966년 베네치아 영화제에서
황금사자상을 수상하였으나 프랑스 정부는 영화 배급을 금지시켰다.

11월 1일 전 성인의 날(All Saints' Day)에 발발했다. 이 전쟁은 1962년 6월, 혁명을 통찰력 있게 이끈 단체, **아홉 명의 역사가**(*neuf historiques*)[2]의 창단 멤버였던 대통령 아메드 벤 벨라(Ahmed Ben Bella)를 주축으로 새 알제리 독립국가가 건설되면서 막을 내린다. 8년에 걸친 알제리의 피비린내 나는 싸움은 프랑스의 이미 미약해진 정치적 안정성을 악화시켰다. 여전히 프랑스는 제2차 세계대전 당시 독일에게 점령당한 모욕으로 고통받고, 이어서 1954년 디엔 비엔 푸(Dien Bien Phu) 정권에 의해 인도차이나를 잃으면서도 유럽의 세계적 강국으로서의 체면을 지키기 위해 남아 있는 식민지에 **문명화 사업**(*mission civilisatrice*)을 전개하겠다며 식민지 경영을 고수했다. 그러나 알제리 전쟁은 제4공화국(the Fourth Republic)의 해체를 초래하며 프랑스에게 재정적·정치적·도덕적으로, 그리고 회복하기 힘들 만큼 파괴적인 결과를 가져왔다.[3]

---

2 역주_ 이 단체의 이름은 두 가지 의미로 이해될 수 있다. 먼저 neuf가 단순히 아홉 명의 창단 멤버를 가리키는 경우를 따라 "아홉 명의 역사가"로 번역했지만, 이 단어는 또한 새로움이라는 의미도 갖고 있으므로 "역사적 변혁" 혹은 "새 역사"로 번역될 수 있다. 의도적으로 이중적 의미의 단어를 사용한 것으로 보인다.

3 이 장 전체에서 언급되며 역사에 관한 정보를 제공할 자료들은 다음과 같다. Alistair Horne, *A Savage War of Peace*(New York : Viking, 1978) ;

1954년 전 성인의 날 전에 알제리 이슬람교들의 불만이 점차 증폭되다가 마침내 최고조에 이르러 유럽의 브이이데이(V. E. Day)[4]인 5월 8일 세티프에서 조직적인 반란이 일어났다. 프랑스 정부의 대응은 사납고 극단적이었다. 유럽인 사망자수는 수백여 명에 불과했던 반면, 알제리인 사상자는 1만 5천 명에서 4만 5천 명 사이로 집계됐다. 식민주의와 결합한 경제적 약탈과 더불어 다른 구체적인 사회역사적이고 정치적인 요소들이 세티프의 폭력적인 대항을 초래했다. 1871년, 프랑스 정부는 종교를 저버릴 필요도 없이 유대인 정착인들에게도 프랑스 시민권을 확대하여 발급하겠다는 *끄레미유* 법령(the Crémieux Decree)을 시행했다.[5] 그러나 아랍인들과 베르베르인들[6]은

Philip Dine, *Images of the Algerian : War, French Fiction and Film, 1954–1992*(Oxford : Clarendon Press, 1994) ; Rita Mara, *Torture : The Role of Ideology in the French–Algerian War*(New York : Praeger, 1989) ; Martha Crenshaw Hutchinson, *Revolutionary Terrorism : The FLN in Algeria, 1954–1962*(Stanford : Stanford University Press/Hoover Institute Press, 1978) ; Alexander Harrison, *Challenging De Gaulle : The O.A.S. and the Counter-revoluation in Algeria, 1954–1962*(New York : Praeger, 1989) ; PierNico Solinas, ed., *Gillo Pontecorvos's The Battle of Algiers : A Film Written by Franco Solinas*(New York : Charles Scribner's Sons, 1973).

4 역주 유럽이 제2차 세계대전에서 일군 승리를 기념하는 날이다. 독일군은 연합군에 공식적으로 1945년 5월 8일에 항복했다.

5 나치 정권과 결탁한 비쉬(Vichy) 정권 하에 끄레미유 법령은 마레샬

이 특권의 혜택에 포함되지 못했다. 게다가 유럽 식민지 대농장주(colons)들은 1873년 제정된 와니에 법(the Warnier Law)의 법적 보호 아래 아랍의 토지를 징발하는 수순에 착수했다. 1918년에 알제리 헌장은 제1차 세계대전 동안 프랑스 군대에서 복무한 알제리 이슬람교도들에게까지 프랑스 시민권을 확대하자는 제안이었으나 프랑스 의회에 의해 기각됐다. 또한 1936년 프랑스 시민권을 이슬람 민족에게 수여하자는 블럼-비오레뜨 법률안(the Blum-Violette Bill)이 또다시 프랑스 의회에 의해 기각되고 말았다.[7]

세띠프 항쟁과 진압의 여파 가운데 프랑스 정부는 다시 한 번 미약하나마 알제리의 상태를 재정비하고 이슬람교도들의 저항을 진정시키고자 했다. 예를 들어 시민권, 정치적 표현, 교회와 정부의 분리, 공식어로서의 아랍어 인정과 이슬람 여성들의 선거권 제정 등과 같은 문제들이 다시 논의되었다. 그러나 유럽계 후손들은 알제리

앙리 페땅(Maréchal Henri Pétain)에 의해 폐기되었다.

6 역주_ 베르베르인들은 북아프리카의 바르바리, 사하라 지방에 사는 종족이다.

7 해리슨(Harrison)은 이들 일련의 사건들에 대한 훌륭한 개요를 제공한다(xxiii–xxvi).

이슬람 민족들이 프랑스 시민권을 받을 가치가 없으며, 1789년 프랑스 「인류와 시민의 권리 선언」(*Déclaration des Droits de l'Homme et du Citoyen*)에서 구체화된 자유, 평등, 형제애의 원칙이 확장 적용되지 않는다는 점을 내세워 만장일치로 이런 개혁들을 기각했다.[8]

결국 알제리 해방운동이 대농장주들과 프랑스 주 정부에 완강히 대항하기 위해 다시 결집되고 실행되는 데 9년이 걸렸다. 이 기간 동안 산발적인 민족주의 단체들이 카바일족(베르베르족 : Kabyles, Berbers)이나 아랍족의 덜 종교적인 정통을 내세워 일어났다.[9] 1954년 4월에 혁명연합

---

8 Horne, *A Savage War*, 69. 혼(Horne)에 따르면, 열 다섯 명의 이슬람 대표들이 투표권을 기권했다. 이 개혁들은 328대 33표로 기각됐다.

9 카바일 여성들은 하익(*haik*)을 입을 수 없고 중앙위원회 지도자들은 압도적으로 아랍인들이었기 때문에 종교적인 정통주의는 지속적으로 지도부를 갈라놓는 요인이었다. 현대 알제리 근본주의의 부흥은 비슷하게 아랍과 베르베르 민족들을 양극화시켰다. 알제리의 군사 정부는 대체로 이슬람 구제전선(FIS)의 근본주의보다 더 대안적인 세속적 알제리 민족해방전선(FLN)을 알아본 서구 열강들의 지원을 받았다. 이데올로기상에서 알제리 민족해방전선 지도자들은 마찬가지로 충돌하곤 했다. 람데인 아반(Ramdane Abane)이 군사력[민족해방군, the National Libertaion army(ALN)]에 우세한 정치조직을 강조한 반면, 다른 지도자들은 정치조직을 통제하는 군사력을 강조한다. 오아리 보메디앙느(Houari Boumédienne)는 결국 1965년 민족해방군을 강화한 정책을 대통령 재임시 추진했다. 민족해방군의 보메디앙느와 다른 군대 대령들은 파농이 정치권에 우세한 군사정치를 강력하게 반대했다는 이

행동위원회(Comité Révolutionnaire d'Unité et d'Action : CRUA)
가 조직됐다. 이 단체는 **아홉 명의 역사가로도** 알려진 세 명
의 카바일인과 여섯 명의 아랍인으로 구성된 아홉 명의
지도자를 지목했다. 드디어 1954년 10월 10일, 혁명연합
행동위원회는 알제리 민족해방전선(the revolutionary Front
de Libération Nationale : FLN)을 창설한다.

알제리 민족해방전선의 임무는 조국 독립을 성취할
때까지 모든 수단을 동원하여 알제리의 민주사회적 정부
와 통치권을 이슬람 원칙의 틀 안에서 복구하고 인종이나
종교의 차별 없이 모든 기본적인 자유를 수호"하는 것이
다.[10] 그러나 알제리 민족해방전선은 "피로 더럽혀지지
않기" 위한 방법으로 프랑스 당국과의 명예로운 공개 토
론이라는 타협안을 약속했다.[11] 혁명선언은 알제리 정부
의 복구를 위한 상호 협약조건을 다음과 같이 제시한다.

유로 파농을 폭격하려 시도했다는 의혹을 받고있다. 아이작 줄리앙의
영화 『프란츠 파농 : 검은 피부, 하얀 가면』에 출연한 모하메드 하비
(Mohammed Harbi)가 파농이 매우 친밀하게 보메디앙과 제휴했다고
주장한 점은 좀 더 살펴볼 중요한 부분이다. 명백하게 프랑스 정부가
독립한 알제리와 협상하거나 인정하지 않은 것처럼, 타협은 없다(no
compromise)의 입장은 아마 파농과 보메디앙이 동의한 바와 관련한
논의일 것이다.

10 Horne, *A Savage War*, 95.
11 Horne, *A Savage War*, 95.

프랑스의 문화적·경제적 관심들은 개인이나 가족과 마찬가지로 존중될 것이다. 알제리에 남기를 원하는 모든 프랑스 시민들은 외국인으로서 남거나, 또는 권리나 의무에서 알제리인으로 고려될 경우에 알제리 국적을 허락받을 것이다. 프랑스와 알제리의 동맹관계는 평등과 상호 존중에 기반한 두 권력집단의 동의를 거쳐 확정될 것이다![12]

야심찬 협상안은 상호 인정, 평등과 존중에 근거를 둔다. 그러나 프랑스 정부의 비이성적인 식민주의 태도와 유럽계 후손들의 고무된 경험에 바탕을 둔 특권의식은 이들이 모든 타협안, 실제로 자율적인 알제리 국가 정부의 위협적인 가능성을 거부하게 만들었다. 프랑스에 속한 알제리는 의심의 여지 없이 **프랑스의 일부**였다. 1954년 11월 12일, 피에르 망데 프랑스(Pierre Mendès-France) 총리는 국회에서 완강하게 알제리와의 타협이나 분리를 거부하는 연설을 한다. 알제리가 곧 "프랑스다!"(c'est la France!)라고 망데 프랑스는 선언한다.[13] 이에 대응해 알제리 민족해방전선은 "타협은 없다"라는 원칙과 혁명적 폭력을 도입한다.

---

12 Horne, *A Savage War*, 95.
13 Horne, *A Savage War*, 98.

프란츠 파농은 알제리 민족해방전선을 위한 총체적인 정치전략가이자 이데올로기로서 알제리 민족해방전선의 언론매체인 『엘 무자히드』(*El Moudjahid*)를 편집하고 『식민주의의 쇠퇴』를 저술한다. 여기서 흥미로운 점은 다음과 같은 후기 보고서이다. 프란츠 파농이 인종성, 젠더와 섹슈얼리티의 연결 고리를 결합한 20세기의 가장 진보적인 남성 모더니스트 사상가로 뽑히게 된 것은 한편으로는 알제리의 특이성 때문이고, 또 다른 한편으로는 다음 두 에세이 「베일을 벗은 알제리」(Algeria Unveiled)와 「알제리 가족」(The Algerian Family) 때문이다. 식민지인과 식민통치자 간의 변증법적 관계에 관한 그의 분석에서 알제리 여성은 원심력이 된다. 그녀는 식민화 작업에서와 마찬가지로 반식민화 저항의 실타래와 그 주변에서 중심축 역할을 한다. 파농은 1959년 7월 "이 전쟁은 전 인구를 결집시켜 그들이 자신의 모든 숨겨진 자원마저 끌어내게 한다"(『식민주의의 쇠퇴』, 23쪽)고 썼다. 베일에 쌓이고 은둔한 알제리 여성은 가장 깊이 감춰진 위와 같은 자원으로 고려됐음이 틀림없다.

「베일을 벗은 알제리」와 「알제리 가족」의 친페미니즘적 영역을 고찰하기 전에 우선 민족독립 이후 후퇴한 여성들의 입지에 관한 분석과 더불어, 알제리 해방투쟁 기간 동안 여성의 자유에 관한 파농의 입장을 비판한 페미니즘 독해를 살펴보자. 이 주제에 관한 파농 비평가들 중 알제리 페미니스트이자 억압적인 이슬람 제도권의 이슬람 여성을 돕자는 "이슬람 법제 하의 여성 삶 연대"(the Network of Women Living Under Muslim Laws)의 창단 회원인 마리 아이메 헬리 루카스를 들 수 있다.[14] 페미니스트 철학자 린다 벨(Linda Bell)이 합당한 주장을 펼쳤듯이 우리는 그저 다른 관점으로 파농의 사회학적이고 역사서술적

---

14 Barbara Burris, "The Fourth World Manifesto," in *Radical Feminism* (New York : Quadrangle Books, 1973), 352-57. 이 저자 역시 파농을 남성 지배 문화로서 민족문화에 대한 그녀의 논의 가운데 다룬다. 버리스(Burris)는 파농이 친남성 문화 우위적이라고 전제한다. 그녀의 독해는 파농과 비프랑스인들이 여성들의 베일을 알제리의 문화적 가공품으로 동일시했다는 주장을 시작하면서 가장 근본적인 수준에서부터 논리적 비약을 보인다. 따라서 이 비평가의 분석은 연이은 오독에서 헤맨다. 버리스는 기본적으로 파농의 유럽 식민통치자에 대한 증오를 근거로 파농을 기이하게 묘사한다. 그녀는 파농이 여성 억압을 인식하지 못했다고 지속적으로 주장한다. 알제리의 민족 문화는 불행하게도 친남성 우월주의로 판명났다. 그러나 파농이 심도 있게 연구했고, 그의 아들이 아이작 줄리앙의 『프란츠 파농 : 검은 피부, 하얀 가면』에서 주장하며, 또 알제리 페미니스트 작가이자 활동가인 아시아 제바(Assia Djebar)가 『알제리의 백인』(*Le blanc de l'Algerie*)에서 강조하듯이 파농은 분명히 민족문화나 독립 투쟁을 묵과하지 않았다. 위의 논문에 나온 버리스의 다른 주장들 역시 그녀의 일반적인 억압 식의 논조와 반목인 문화에서 백인 여성들의 특권들을 부정하려는 시도들에 의해 손상됐다. 겉보기에 『식민주의의 쇠퇴』에 대한 이 비평가의 분석은 「가면이 벗겨진 알제리」에 그친 듯하다.

연구들에 대한 헬리 루카스의 도전을 쉽게 받아들이거나 비난할 수 없다.[15] 벨은 "객관성에 관한 남성적 추측은 남성 지배를 감추고 여성에게 부과된 남성의 흥미나 욕망의 방식을 가리기 위한 논리적 변장술이다"라고 말한다.[16] 여기서 벨이 일반적으로 제시하는, 그러나 헬리 루카스가 읽은 파농에 관한 논의에서 강하게 지적된 은밀한 남성적 흥미나 욕망들이란 무엇인가?

문학전집 『문을 열며 : 한 세기의 아랍 페미니스트 글쓰기』(*Opening the Gates : A Century of Arab Feminist Writings*)에 실린 헬리 루카스의 논고 「알제리 해방투쟁에서 여성, 민족주의, 그리고 종교」(Women, Nationalism, and Religion in the Algerian Liberation Struggle)[17]는 파농의 저작들이 상대 남성들과 동등한 자유의 투쟁가들이었던 것처럼 알제리 여성들에 관한 신화를 조장했다고 주장한다.

알제리 해방투쟁에 대한 외부 세계가 형성한 여성의 이미지

---

15 Linda Bell, *Rethinking Ethics in the Midst of Violence : A Feminist Approach to Freedom*(Lanham, Md. : Rowman & Littlefield, 1993), 59.
16 Bell, *Rethinking Ethics*, 59.
17 Marie-Aimée Helie-Lucas, "Women, Nationalism, and Religion in the Algerian Liberation Struggle," *Opening the Gates : A Century of Arab Feminist Writings*(Bloomington : Indiana University Press, 1990), 104-114.

는 매우 널리 보급된 영화 「알제리 전투」(*The Battle of Algiers*), 또는 소수 민족의 여성 영웅들에 관한 실제 이야기와 같은 프란츠 파농의 저작에서 이미 굳어졌다. 이들로부터 알제리 여성은 프랑스 식민주의와 군대에 대항하여 무기를 나르고 알제 전투 동안 도시에 폭탄을 심어두는 테러리스트이자, 전투에서 남성들과 마찬가지로 정치적·군사적 차원의 정책결정에 참여하는 자유의 투쟁가로 나타난다 (105쪽).

헬리 루카스의 비판은 다층적이다. 이 비평가는 불평등과 파농의 "신화작업"에 관한 그녀의 논의를 뒷받침하기 위해 자유 투쟁가 쟈밀라 앙라네(Djamila Amranes)의 『알제리 여성과 국가 해방 전쟁, 1954−1962』(*La Femme Algérienne et la Guerre de Libération Nationale, 1954−1962*)를 인용하여 여러 요소들을 강조한다. 이들 요소는 해방 투쟁 동안 성 위계질서가 전통적인 성역할에 따른 여성들 상당수에 지속적으로 이어진 방식, 전역자 행정청의 기록실에서 자유의 투쟁가이기보다 "명분이 있어 싸우는" 남성들의 "조력자"로서 여성들과 이들의 활약상이 강등된 일, 비슷하게 기록 보관소에서 여성들에 관한 기록들이 사라진 점, 그리고 후기 식민지 시대에도 지속되는 여성의 종속현상들이다.

전쟁의 혁명적 단계가 성차별과 여성의 열등한 지

위에 변화를 가져왔지만 "새" 알제리 정부 하에 이같은
변화요소들은 찾아볼 수 없다. 알제리 사회에서 가부장적
특성과 이에 따른 제도와 관습을 개혁하고, 고용과 교육
이라는 공적 영역과 가정 내에서 여성에게 불리한 차별
적인 관례들을 철폐하려는 노력은 짧게 끝났다. 조국이 독
립되자마자 여성들은 세속적이고 민족주의적인 알제리
민족해방전선의 군사 정부 하에 부엌의 깊숙한 안쪽으로
대부분 후퇴했다. 1984년 챠들리(Chadli) 대통령 하에 『가
정 규약』(*Code de la Famile*)과 함께 여성들에 대한 가장 억
압적인 타격이 가해졌다. 효력은 224개의 조항들로 이뤄
진 규약인 샤리아(*Sharia*)를 통해 전해졌다. 이 규약은 전통
으로의 회귀와 일부다처제를 명백하게 인정하고, 남편에
대한 여성들의 복종을 강요하며, 남편만이 자의적으로 이
혼할 수 있게 했다. 1989년부터 경제정책의 실패와 서구
에 대항적인 군사정부, 그리고 이슬람 구제전선(the Islamic
Salvation Front : FIS)의 떠오르는 인기로 인해 알제리 민족
해방전선 정부에 대한 열기가 시들해지자 알제리 여성들
은 강제로 베일인 하익(*haik*)을 써야만 했다. 이런 이유로
헬리 루카스는 "알제리 여성에 관한 파농과 다른 이들의
신화 중 너무 많은 부분이 그녀의 조국과 나란히 자유를
만끽했다"라고 비꼰다(107쪽).

여성의 자유 해방과 민족주의는 알제리 민족해방전선의 가부장적이고 세속적인 민족주의의 형식 안에서건, 보수적이고 근본주의적인 민족주의 안에서건 화해할 수 없어 보인다. 많은 아랍권의 페미니스트들은 기본적으로 민족주의가 여성의 일상생활에 영향을 끼치는 억압적인 요소들 중 하나라며 결과적으로 탈민족주의적(postnation-alist) 페미니즘의 필요성을 외친다. 민족주의 대 여성 해방 논쟁의 핵심은 전통적인 성관계와 젠더의 제약이 알제리를 비롯한 다른 이슬람권 국가들의 보수적이고 근본주의적인 민족주의 이데올로기에 결정적이라는 사실에 뿌리를 둔다. 알제리 민족해방전선의 세속적인 민족주의조차도 마이 구숩(Mai Ghousoub)이 서술하듯 "아랍 문화적 정체성의 필수 부분으로서 많은 이슬람 전통주의의 매우 가부장적인 가치들이 복구되었다."[18] 실제로, 알제리 민족 정체성과 문화를 표현하는 데 쓰이는 언어는 매우 여성화됐다. 국토, "민족국가"(nation-state), 문화와 여성들은 합쳐지고 융합한다. 문화와 정체성은 여성을 통해 특이하게 전수된다고 여겨진다. 간단히 말해서 알제리 여성은 국가

---

18 다음 출처에서 재인용. Evelyne Accad, *Sexuality and War*(New York : New York University Press, 1990), 14.

집단 정체성의 상징적인 저장소인 것이다.[19] 따라서 가부
장적 문화의 기반이 되는 민족과 가족을 지키고 유지하기
위해 여성은 현대 사회의 부도덕성과 부패로부터, 더 나아
가 보수주의자들과 근본주의자들에 처방에 따르자면 서
구 세계로부터 보호받아야 한다. 여성의 육체와 같은 국
토는 강간, 서구 페미니즘과 다른 어떤 침입을 막을 방어
와 경비가 필요하다. 알제리 민족주의 담론과 이데올로
기는 여성을 "전통" 속에 감금하고 결국 그들에게서 남성
동포들이 누리는 시민권을 박탈했다.[20] 헬리 루카스에 따
르면, 이 담론은 민족국가의 필요에 맞게 스스로의 다양
한 진화적이고 발전적인 단계를 통해 무궁하게 재활용되

---

19 Deniz Kandiyoti, "Identity and Its Discontents : Women and the Nation," *Colonial Discourse and Post-Colonial Theory : A Reader*(New York : New York University Press, 1990), 14.

20 나는 여기서 만약 섹슈얼리티의 논의가 열려 있다면 민족주의와 페미니즘이 화해할 수 있다고 믿는 페미니스트들이 있음을 강조하고 싶다. Accad의 *Sexuality and War* 참고. 또한 페미니즘이 민족주의의 남성적 면모를 바꿀 수도 있다고 주장하는 페미니스트 민족주의자들도 있다. 다음 자료를 참고할 것. Lois West, *Feminist Nationalism*(New York : Routledge, 1996). 물론 민족주의 담론들 사이에서도 분명한 차이가 있다. 같은 민족주의를 표방한다 할지라도 모더니스트, 보수주의자와 근본주의자들의 입장은 다르다. 그러나 알제리 민족해방전선의 세속적 민족주의는 알제리에서 실패하였는데, 왜냐하면 이 민족주의는 지속적으로 서구의 금전적 지원 하에 성차별주의와 여성 혐오주의적 실재들을 강화했기 때문이다.

고, 재발명되며, 재해석된다. 알제리 민족국가가 더 위협 받을수록 더 많은 보수주의적이거나 전통적인, 심지어 근본주의의 단계로까지 성장한 민족주의 담론과 조직적 체계가 형성된다. 이에 여성들은 민족 정체성과 문화의 파수꾼이며, 동시에 국가 보존의 중심이자 몸의 정치학의 주변부로 밀려난 민족국가의 수용실이 되었다.

헬리 루카스는 다음과 같이 정리한다.

> "혁명의 하찮은 임무는 없기" 때문에 우리는 우리의 역할에 대해 논쟁하지 않았다. … 해방투쟁 동안 여성의 전반적인 임무는 상징적으로 보인다. 식민화에 대면하여 사람들은 그들의 가치와 전통, 종교, 언어와 문화에 기반을 둔 민족 정체성을 세워야만 한다. 여성은 위협받는 민족의 정체성을 수비하기 위한 엄청난 부담을 떠안는다. 그리고 이 부담은 그 값을 요구했다. … 여성들은 종교적 믿음과 전통 도덕률에 의거하여 아들을 기르고 선조들의 언어를 가르쳐야 한다. 남성은 현대성에 접근할 수 있지만 여성은 전통에 묶여 있어야 한다(107–108쪽).

프랑스 식민통치와 제국주의적 계획에 의한 지역 문화와 관습의 잠재적인 파괴에 직면하여 알제리는 유별나게 퇴보적인 젠더 영역과 더불어 그 내부에 몰두했다. 이같은 내부 쏠림 현상은 "일종의 '피(被) 포위 관념'(siege mentality)[21] 안에서 아랍 여성의 권리를 박탈하는 것이 보호조치로서 쉽게 합리화되고 용인"되어 우리의 포스트모던 사회에 재생되었다.[22]

교육자로서, 간호사로서, 양육가로서, 어머니로서, 첩보 요원으로서 베일을 쓰거나 그렇지 않은 자유투쟁가로서 혁명 기간 동안 여성들의 역할은 투쟁의 "고차원적인" 목표, 즉 민족해방에 고무된 역할 안에서, 또한 편협하고 반페미니스트적 정치 담론에서 재편성되고 형성되었다. 이집트 페미니스트 나왈 엘사다위(Nawal el-Saadawi)가 주장하듯이 여성은 "먼저 희생당하고 나중에 자유를 얻는 혁명의 도구이자 싸구려 노동, 싸구려 투쟁가로 이용됐을 뿐이다."[23]

알제리 해방을 위한 작업계획들은 특별히 여성들의 해방까지 이 계획 중의 하나로 상정하지 않았다. 헬리루카스, 머뱃 하템, 데니즈 칸디요티(Deniz Kandiyoti), 이블

---

21 역주_ 항상 공격이나 압박을 받고 있다거나 고립돼 있다고 느끼는 관념.
22 Kandiyoti, "Identity and Its Discontents," 385.
23 다음의 자료에서 재인용. Nayereh Tohidi, "Gender and Islamic Fundamentalism," *Third World Women and Politics of Feminism*(Bloomington : Indiana University Press, 1991), 260. 다음 자료도 참고할 것. Nawal el-Saadawi, *The Hidden Face of Eve : Women in the Arab World* (London : Zed Press, 1980).

린 아카드, 나여레 토히디(Nayeeh Tohidi)와 나왈 엘사다위
와 같은 많은 중동의 페미니스트 사상가들, 활동가들과
작가들은 알제리 여성이 민족혁명을 알제리 사회의 안팎
에서부터 억압적 힘의 몰락으로 여겼다고 주장한다. 즉
이 혁명은 그 효과에서 알제리의 가부장적 억압으로부터
여성의 해방을 내포하고 있었다는 말이다. 여성 해방 운
동가의 역할은 민족투쟁에서 여성의 총체적인 참여를 통
해 확고해졌다. 그러나 그들의 페미니즘은 "자율적이지
않고 다만 민족적 맥락이 생산한 중요한 네트워크에 묶
여 있을 뿐이었다."[24] 제3세계와 다른 유색인 여성들의 페
미니즘은 주목할 만하게 반제국주의, 반인종주의, 반식민
주의와 반자본주의의 투쟁과 긴밀했고, 또 지금도 그러하
다.[25] 그러나 이란 페미니스트 나여레 토히디가 묘안으로
덧붙이기를, 여성은 그들의 자유 해방, 그들의 필요와 그
들의 구체적인 억압들을 분명히 밝히고 처음부터 민족주
의적 해방운동과 결합하기를 요구해야만 했다.[26] 이같은

---

24 Kandiyoti, "Identity and Its Discontents," 380.

25 다음 논문을 참고할 것. "Women and Liberation : Fatima Babikar Mah-
  moud talks to Patricia McFadden," *Journal of African Marxists* 8 (January
  1986) : 3.

26 Tohidi, "Gender and Islamic Fundamentalism," 251–67.

조치들이 사전에 취해지지 않았기 때문에 민족해방 투쟁 동안 알제리 여성들의 다양한 혁신적 저항전략들은 그들 자신을 배반했으며, 알제리 민족국가의 후기 식민 민족주의자들에 의해 전유되고 여성의 행동과 조화를 통제하는 데 이용되고 말았다.

　　베일은 알제리 여성의 저항방식이 위와 같이 이용당한 대표적인 경우이다. 혁명 기간과 알제리 정부의 법적 핵심체로 떠오른 이슬람 구제전선의 1990년 대대적인 승리 이후로[27] 베일은 사회적으로 잠재적인 변화를 가져온 혁명의 시간을 과거로 돌리는 수단이 됐다. 헬리 루카스는 베일과 관련하여 알제리 여성들이 이용되고 남용된 이유를 집중 탐구한다.

　　　베일을 쓴 여성이 통제와 억압의 척도가 되는 데에는 의심의

---

[27] 이슬람 구제전선은 자치단체장 선거에서는 압도적으로 승리하였으나(1천5백 구 중 8백5십 구), 일반 투표에서는 54%의 지지와 알제리 민족해방전선의 28%와 함께 선거구를 조작함으로써 서구에 기댄 정부가 알제리 민족해방전선의 편에서 국회를 확장했다. 이같은 선거과정의 조작 때문에 폭력사태가 벌어졌고, 이슬람 구제전선은 세속적 정부에 대항한 성전을 선언했다. 그 결과 이슬람 구제전선은 알제리에서 불법조직으로 규정됐다. 이에 더하여 다음 자료를 참고할 것. Peter St. John, "Insurgency, Legitimacy, and Intervention in Algeria," *Commentary* 65 (January 1996) : 1-9.

여지가 없을지라도 이는 또한 한동안 프랑스 정부에게 민족적 저항의 상징이었다. 전쟁 동안 프랑스 관리인들은 알제리 여성들이 베일의 억압에서 자유로워야 한다고 주장했다. 프랑스 군용 트럭은 마을 여성들을 도시지역으로 수송했다. 그리고 여성들은 공개적으로 베일을 벗어 그들이 닳아빠진 전통을 져버렸음을 보여주도록 강요받았다. 알제리 남성과 여성 모두 이같은 상징적 강간에 분개했다. 이의 상징적 역할에 더하여 베일은 실용적인 기능이 있다고 여겨졌다. 파농은 베일의 혁명적인 덕목을 칭송했다. 베일은 도시지역의 여성 자유투쟁가들이 프랑스 군대의 통제에서 도망칠 수 있게 했다. … 그렇다면 어떻게 우리는 **민족과 혁명** 둘 모두를 배반하지 않으면서 여성에게 억압적인 베일에 관한 논의에 들어갈 수 있을까? … 알제리 민족해방전선은 여성의 정숙함을 강조하고 "명분 있는 투쟁"으로 불려질 수 있는 태도를 장려했다(108쪽).

하익을 쓰기로 한 알제리 여성들의 결정이 내포하는 복잡한 사안은 논의의 여지가 없다. 이슬람 전통들이 성별의 엄격한 구분을 요구했고, 베일은 이같은 알제리의 전통주의적 목표에 이용됐다. 코란(24장 30–31절)이 두 성별이 정숙하기를 요구하기는 하지만 베일은 여성에게 명령으로서 배타적으로 적용되었으며, 이슬람 전통에 대한 겸손과 충성으로 받아들여졌다. 알제리의 이슬람 여성들은 대대적인 전투가 일어난 농촌지역에서 베일을 거의 쓰지 않았다. 그리고 카바일 여성들도 결코 하익을 착용하지 않았다. 1957년 이전에 도시의 여성들은 이미 베일을 버렸다. 이같은 가시적인 거부에도 불구하고 베일을 계속 쓰는 여성들도 있었다. 전투가(戰鬪歌) "즐거운 프랑스 알제리여!"(*Vive l'Algérie française!*)에서 공개적인 알제리 여성들의 등장은 알제리 여성들이 다시 베일을 착용하도록 고무했다. 오랫동안 베일을 쓰지 않던 여성들조차 다시 그들 스스로를 하익에 감쌌다.[28] 그러나 어느 누구도 이같은 "자발적인" 결정에 분명하게 표출되는 강압적인 요소들을 간과할 수 없다. 헬리 루카스가 밝히듯이 "어떻게 여성들은 민족과 혁명 모두를 배반하지 않고 하익 쓰기를 거부할 수 있겠는가?"

더 나아가 머벳 하템이 제안하듯이 "식민화 작업이 좌절감을 주는 것과 더불어 여성이 전통의 수호자이기에 얻는 구체적인 이익들이 무엇인지 분명치 않다."[29] 그러

---

28 토히디는 이 현상을 이란의 경우에서 찾는다. 히잡(hajib)이 진보적이지 못하다고 여긴 여성들은 자발적으로 공공의 적이자 이란에서 미국의 지원을 받는 사(Shah)에 대항하여 연대 의식의 형태로 베일을 썼다.

29 Hatem, "Toward the Development of Post−Islamist and Post−Nationalist Feminist Discourse in the Middle East," *Arab Women : Old Boundaries, New Frontiers*, ed. Judith Tucker(Bloomington : Indiana University Press, 1993), 45.

나 베일을 벗자는 프랑스 캠페인이 보여주듯이 역사적인 순간에 모든 여성들이 베일을 벗어버리기 위해 투쟁하지는 않았다. 동시에 현대 이슬람 세계의 여러 곳에서는 여전히 많은 수의 여성들이 자발적으로 베일을 쓴다.

오늘날 보수주의와 근본주의의 매력이자 여성들이 베일을 쓰도록 하고 그들의 전통적 자리로 돌아가게 하는 강제들은 여성들이 후기 식민주의의 경제적·정치적·사회적 혼란을 증후적으로 보여주는 만큼 여성의 육체를 규제하려는 시도들에 따라 깊이 구조화됐다. 예를 들어, 이같은 증후들은 서구 제국주의 열강들과 국제통화기금(IMF)에 의해 악화된 구조적 불균형, 가족의 현대화, 사회주의의 환멸과 실패, 치솟는 청년실업 등이 있다. 구체적으로 알제리의 경우, 후기 식민주의의 병폐의 결과로 1988년 10월 폭동이 일어났다. 알제리 경제 몰락은 말 그대로 석유화학 수출품목의 지나친 의존성이 화근이었다. 1980년대 석유의 국제적 가격 하락은 심각하게 알제리의 국가 수입을 감소시켰다.[30] 이 와중에 베일은 현대성과 여성 섹슈얼리티의 맹렬함에 대해 싫증을 내는 이들에게

---

30 St. John, "Insurgency," 3.

위안과 호감을 샀다. 근본주의와 보수주의 이슬람 단체들에 의해 인식되었듯 베일은 전통 가치에 대한 충성을 상징하기 때문이다. 그리고 베일은 포스트모던의 병폐(*malaise*)를 치료제로서 전통으로 회귀하자는 신호를 알렸다.[31]

시리아 페미니스트 보사이나 샤반(Bouthaina Shabaan)은 그녀의 책『오른손 왼손잡이 모두 : 아랍 여성들이 그들의 삶에 대해 말하다』(*Both Right and Left Handed : Arab Women Talk About Their Lives*)에서 히잡(*hijab*)을 쓴 여성들이 세속적 여성들은 접근하지 못하던 공공 장소와 권위에 분명히 접근할 수 있던 이야기들을 연대순으로 정리한다.[32] 터키 페미니스트 데니즈 칸디오티는 이집트 여성 자이납 알가잘리(Zainab al-Ghazali)[33]와 사피나즈 카짐(Safinaz Kazim)과 같

31 다음 자료들을 참고할 것. Fatima Mernissi, *Beyond the Veil : Male and Female Dynamics in Modern Muslim Society*(Bloomington : Indiana University Press, 1987) ; *Doing Daily Battle : Interviews with Moroccan Women* (New Brunswick, N.J. : Rutgers University Press, 1989) ; *Islam and Democracy : Fear of the Modern World*(Reading, Mass. : Addison-Wesley, 1992).

32 Bouthaina Shabaan, *Both Right and Left Handed : Arab Women Talk About Their Lives*(Bloomington : Indiana University Press, 1991).

33 역주_ 1917-2005. 이집트의 저명한 작가이자 이슬람 형제단(Muslim Brotherhood)의 지도자, 그리고 이슬람 여성 연대(Muslim Women's Association, 1936-64)의 창립자이다. 알가잘리는 이슬람교가 오독된 부분을 수정하고 이슬람 여성 삶의 개선을 위한 사회운동을 이끌었다. 그녀의 대표적 저서로는 『파라오의 귀환』(*Return of the Pharaoh*)이

은 여성들과, 여성과 남성들이 각자의 "마땅한" 위치로 되돌리려던 남성들 사이에 "가부장적 매매"(patriarchal bargain)가 있었다고 관찰한다. 그리고 이같은 물물교환은 최소한 남성의 헤게모니를 강화하는 사회적·경제적이고 정치적인 구조를 유지하는 데 도움이 됐다.[34]

이쯤에서 『식민주의의 쇠퇴』에서 논한 베일의 혁명적 사용과 함께 프란츠 파농이 겪는 현대 알제리 페미니스트들과의 갈등에 관한 논의를 이제 피할 수 없을 듯하다. 우선 헬리 루카스는 알제리 해방투쟁 기간의 베일, 알제리 여성들의 자유 해방과 가족에 대한 파농의 분석을 지나치게 간소화한다.

독립전쟁이 전개되면서 전투전략의 수단은 변화했다. 알제리 여성들이 베일을 벗고 동화주의자(*assimilées*)로 활동했을 때 파농은 이 전술의 혁명적 장점을 높이 샀다. 실제로 파농의 인용문이 증언하듯이 "베일을 벗은 알제리 여성"은 혁명활동의 점차 더 중요한 집단으로 여겨졌다. 그러나 이보다 더하여 파농은 「여기는 알제리의 목소

있다.

34 Deniz Kandiyoti, "Bargaining with Patriarchy," *Gender and Society* 2, no. 3 (1988) : 274–90.

리입니다」(This is the Voice of Algeria)에 묘사된 라디오처럼 베일이 더 이상 정적인 문화적 상징물이 아니라고 보았다. 말하자면, 그것은 역시 혁명의 상황에 따라서 변형되고 수정될 수 있다. 알제리 여성들이 혁명을 위해 벗거나 입는 동안 베일은 내부의 전통적 상징물로서의 역할을 잃었다. 프랑스 정부는 이같은 수수께끼를 발견하고 공개적이고 강제적으로 거리의 여성들이 베일을 벗도록 했다. 파농과 헬리 루카스가 동의하듯 이는 상징적인 강간이었고, 이에 알제리인들의 전투방식은 실제에서 변형되고 퇴보했다. 파농은 마침내 이 주제에 대해 다음과 같이 적는다.

제거되고 다시 되찾기를 반복하면서 베일은 변장의 기술로, 투쟁의 수단으로 이용되고 변형되었다. 식민상황에서 베일에 의해 추정되던 가시적인 금기의 성격은 해방투쟁의 과정에서 거의 완전하게 사라졌다. 심지어 알제리 여성들조차도 베일을 포기하는 버릇으로 형성된 투쟁에 활동적으로 일체가 되지 않는다. 이같은 상황에서, 특히 1957년 이후로 베일이 다시 나타난 것은 사실이다. … 적대자는 이제 알게 됐다. 프랑스 제국주의는 5월 13일의 경우에 알제리 여성을 서구화하려는 오랜 캠페인을 다시 벌였다. 또 다른 적대적인 오래된 가역반응이 나타나기 전에.

오랫동안 베일을 벗었던 알제리 여성들은 다시 하익을 쓰면서 프랑스나 드골 총독의 초대에 응해 해방되지 않음을 보여줬다.

이같은 심리적인 반응들 뒤로 이같은 즉각적이고 거의 이의가 없는 대응 저변에서 우리는 다시 한 번 점령자들의 **가치가 객관적으로 선택하기 합당할지라도**(인용자의 강조) 이를 거부하려는 전체적인 태도를 알 수 있다.

5월 13일 유명한 칼버케이트(calvacade)를 조직하면서 식민주의는 알제리 사회가 이미 옛 것이 된 전투의 방식으로 돌아가도록 강요했다. 확실히 다양한 의례들이 회귀, 즉 퇴보를 초래했다.[35]

파농은 베일을 벗을 필요가 있을지라도, 점령자가 점령자의 특정한 가치로서 야만인들을 구제하고 폭력적으로 개조시키려는 충동은 "자신을 희생하며" 야만인들이 베일을 다시 쓰도록 압박했다고 적는다(63쪽). 프랑스 정부가 막대한 에너지를 저항의 마지막 흔적이었던 베일과 알제리 여성에게 쏟았다는 사실은 순전히 "행위의 전통적 유형을 강화"하기 위해 제공된 셈이 됐다(49쪽).

인간 자유에 관한 파농의 관점을 고려하면 알제리 남성에 의한 여성에 대한 억압, 친남성적 문화우월주의적 편견, 그리고 남성의 욕망과 관심의 변장술을 부정하려는 근거로 알제리 여성과 베일을 그가 분석했다는 사실은

---

35 Frantz Fanon, *A Dying Colonialism*(New York : Monthly Review Press, 1970), 62-63. 본문에 나타난 이 책의 인용은 모두 이 판본을 따름.

매우 흥미롭다. 그러나 특히 논쟁적인 부분은 파농이 "알제리 여성은 그녀들의 조국과 함께 자유를 얻었다"라고 주장한 점에 대한 헬리 루카스의 공격이다. 파농은 조국의 해방과 함께 여성의 해방을 동일시했다(107쪽). 실제로 그는 여성을 침묵하게 하고 남성의 조력자로 두는 가치체계와 성/가족 관계의 변화에 대해 언급했다(109쪽). 알제리 여성은 "그녀의 인간성을 발전시키고 칭송할 만한 책임감의 영역을 발견했다"(107쪽). 이 영역은 여성을 집단 정체성의 상징적인 저장고로 만들지 않았으며, 따라서 그녀는 언어와 관습이 전래되는 육체가 될 필요도 없었다. 그녀는 혁명투쟁의 과정에서 전통적인 이슬람 법에 의해 거부되고 도전받고 좌절된 그녀 자신과 자신의 행동을 위한 개인적 책임감을 상정한다. 이처럼 파농은 알제리 역사의 순간에 많은 알제리 여성들이 유서 깊은 침묵, 불가시성과 은둔의 전통으로부터 해방되었다고 보았다.

현대 알제리와 다른 이슬람 국가에서 베일은 이슬람 국제 전선과 다른 근본주의적이고 전통적인 정당들이 여성을 살해하기까지 하는[36] 억압이나 이를 정당화하는

---

36 지난 1995년 퍼듀 대학교(Purdue University)에서 「전쟁의 폐해 : 여성, 문화와 혁명」(Spoils of War : Women, Cultures and Revolutions)

도구로 이용되었다. 말하자면 엘사다위, 헬리 루카스, 머니시(Mernissi) 등이 묘사하듯, 여성의 행동을 제한하고 시민권의 참된 열매에 여성들이 접근하지 못하게 하기 위해 서양과 현대성의 "위협"이 끈질기게 요청됐다. 이러한 상황은 많은 "민족의식의 재난"(Misadventures of National Consciousness)이나 "덫"(Pitfalls) 중 하나를 잘 드러낸다.

> 역사는 우리에게 식민주의에 대항한 전투가 민족주의 노선과 반드시 나란하게 나가지 않음을 분명히 가르친다. … 교육받은 계층의 미숙함, 이들 계층과 대중의 실질적인 연결 고리 부족, 이들의 게으름, 여기저기서 들리듯 투쟁의 결정적 순간에 보여준 이들의 비겁함이 비극적인 불운을 불러일으킬 것이다. 모든 사람들의 가장 깊숙한 희망들을 모두 포옹하여 구체화하는 대신, 또 사람들이 행동할 수 있는 즉각적이고 가장 명백한 결과 대신에 내세워진 민족의식은 어떤 경우에도 속 빈 껍질에 불과하다. … 민족 정부라고 스스로를 칭하는 정부는 민족의 전체성을 책임져야만 한다. … 이 정부는 여성을 지배하는 남성적 요소를 신성화하는 봉건적 전통이 영속화될 위험에 대항하여 이를 감시해야 한다. 여성은 남성과 정확하게 동등한

이라는 주제 하에 열린 컨퍼런스에서 발레리 올란도(Valerie Orlando)는 알제리에서는 인면수심의 이슬람 국제전선의 통치 하에 12명의 여성이 살해되었다는 논문을 발표한다. 다음 자료를 참고 할 것. Orlando, "Women, War, Autobiography in Assia Djebar's *L'amour, la fantasia*," *Spoils of War : Women of Color, Cultures, and Revolutions*. 더불어

위치에 있을 것이며, 이는 헌법의 조항이 아니라 공장, 학교와 국회와 같은 일상의 공간에서 이뤄져야 한다(148, 201-202쪽).

모든 사람들의 가장 깊숙한 희망들은 알제리에서 포용되지 못했다. 여성들의 특정한 관심인 여성 자유 해방은 국가의 "공동 선"(common good)에 종속되었고, 알제리 가부장제의 특수한 관심 안에서만 구체화됐다. 헬리 루카스는 민족주의, 종교와 사회주의가 반여성적인 국가 정책들을 정교하게 하고 법제화하도록 도왔다고 밝힌다.[37] 한편으로는 알제리의 반제국주의적 입장에서, 또 다른 한편으로는 가부장적 사회구조와 조직에서 복잡하게 얽힌 알제리 여성들은 보수정치의 사회적이고 이데올로기적인 술책의 공격을 계속 참았다.

미처 알제리의 독립을 보지 못하고 사망한 파농은 전쟁 기간 동안 알제리 가족과 알제리 여성의 신분에 나타난 변화만을 감지했다. 페미니스트들이 알제리 해방투쟁의 구조가 갖는 단점들에 관해 나중에 기술하지만 이를 과소평가한 파농은 분명 최악의 낙천주의자이다[「인

다음 자료도 참고할 것. St. John, "Insurgency".
37 Helie-Lucas, "Women, Nationalism," 111.

류, 나는 네 존재를 믿는다」(Mankind, I believe in you), 『검은 피부 하얀 가면』, 7쪽]. 진보적인, 그러나 많은 부분[성관계, 베일의 정적 요소에서 비정적 요소로의 변화, 마키(maquis)[38]의 여성을 위한 전통적 결혼법의 일시적 변화, 여성들이 정립한 여성의 육체와 세계의 새로운 변증법]에서 급속하게 이뤄진 변화들을 시작으로 점차 여성의 조직적이고 총체적인 혁명 참여로 인해 열린 알제리 여성의 해방으로 나아가는 길은 계속 진보할 것이며, 모든 이들과 새로운 알제리의 기본 구조에 의해 포용될 것이라고 파농은 굳게 믿었다.

근본주의가 부상한 현대 알제리에서 간음한 여자를 돌로 치게 용인하는 샤리아와 보조를 맞춰 반동적인 반여성 정책과 가족 규정들은 부인할 수 없이 앞의 변혁들을 늦춘다. 그럼에도 불구하고 여성이 혁명의 투쟁 국면에 참여한 순간 일어나는 위 변혁들은 알제리 여성들의 행동주의의 한 세기 전통이 총체적인 페미니스트 의식을 자극하고 현대 알제리 여성의 해방을 위한 조직적인 투쟁을 지속하는 탄력을 제공했다.[39]

---

38 역주_ 코르시카 지역의 관목림을 뜻하는 말로, 제2차 세계대전 중 독일 나치 점령에 저항하던 프랑스 무장 지하조직을 일컫는다. 후에 마키는 프랑스 식민주의에 대항한 알제리 비밀조직을 가리키는 말로 사용되었다.

파농의 젠더, 베일과 억압의 질문을 근거로 그를 비판한 헬리 루카스의 중요한 관점에서 우리는 이제 파농의 문제 제기를 헬리 루카스가 도전적으로 논의한 바와 같이 여성 해방의 측면에서 다룰 필요가 있다. 실제적으로 우리는 다음과 같이 질문할 수 있다. 알제리 여성, 베일과 가족에 대한 파농의 분석이 친페메니스트 의식, 즉 "자유로운 여성과 완전한 사회적 존재로서의 삶을 살 여성의 권리"에 대한 믿음을 반영하는가? 혹은 이는 순전히 남성의 관심을 위장하고 관습적인 성역할을 재확인하는가?[40]

---

39 다음의 자료를 참고할 것. Cynthia Enloe, *Making Feminist Sense of Internationalist Politics*(Berkeley : University of California Press, 1989). 근본주의, 가족, 현대화와 여성에 대한 비교적인 시각을 위해서는 다음 자료를 볼 것. Accad, Gilliam, and Tohidi, *Third World Women and Politics of Feminisms*(Bloomington : Indiana University Press, 1991). F. Azari, *Women of Iran : The Conflict with Fundamentalist Islam*(LondonL Ithaca Press, 1983) ; E. Sansarian, *The Women's Rights Movement in Iran : Mutiny, Appeasement, and Repression from 1900 to Khomeini*(New York : Praeger, 1982).

40 Patricia McFadden, "Women and Liberation," 다음의 자료에서 재인용했음. Carole Boyce Davices and Elaine Fido, *Out of the Kumbla*(Trenton, N.J. : Africa World Press, 1990), xii–xiii.

파농의 「베일을 벗은 알제리」

「베일을 벗은 알제리」는 프랑스-알제리 전쟁의 복잡한 내역과 발전국면을 자세하게 설명한다. 파농은 여성의 반역적 역할에 대한 통찰력을 보여줄 뿐만 아니라, 1930년대 이래 알제리 여성의 베일을 벗겨 이슬람의 어둠과 야만을 제거하고 그 자리에 서구의 사상과 이상주의를 대체하기 위해 알제리를 식민화하려는 서구 자유주의적 전략의 근본적인 결함을 폭로한다. 어느 정도 사회학적인 출발점에서 파농은 해방투쟁 가운데 "어떻게", 그리고 "왜" 알제리 여성의 긴요한 역할이 진화했는지 주목한다.

프랑스가 문화적 제국주의, 인종주의와 경제에 의해 촉발된 온정주의에 인접한 자유민주주의 사상을 적용하려는 가운데 하익은 프랑스가 알제리 여성의 개인성을 침해하는 수단으로 받아들여졌다. 그리고 파농이 자유롭고 자율적인 개체로 존재할 알제리 여성의 권리를 인식하고 분명하게 주창하면서 그는 남자 여자 동등하게 모든 알제리인들은 자신의 규범에서 이를 실현해야 한다는 사실을 깨달았다. 프랑스 점령자는 알제리 남성이 알제리 여성의 주체성을 방해하는 것을 폭력적이고 비밀스럽게 막으려 하면서, 동시에 알제리 남성과 마찬가지로 불가침이라는 자유주의 원칙을 위반한다. 그리고 마침내 점령자들의 규범은 개인, 공동체와 나라의 삶과 역사를 필수적으로 바꾸는 혁명투쟁의 집단적 참여 가운데 실현된 것이다.

실제로 집단문화와 전통은 일반적으로 의복을 통해 기호화된다. 특히 아랍 문화권에서 여성의 베일은 외국인들이 쉽게 아랍 사회를 특징짓는 충분한 단서가 된다(35쪽). 어떤 문화나 사회가 구조에서나 공평한 성역할에 대해 인색하거나 이를 부정하는, 필수적으로 가부장적이고 부계 중심인 반면, 이 문화와 지역의 핵심(이것이 미국과 미국의 시민이건, 혹은 프랑스나 다른 나라에서건)은 특정한 여성의 영역에서도 추정될 수 있다. 여성적 언어가 알제리의 민족주의 수사학자들에 의해 연구되는 동안 1954년 프랑스 정부 역시 같은 언어와 생각의 유형을 주목하기 시작했다. 알제리는 "여성"스런 문화적 핵심 요소가 있다고 여겨진 것이다. 여성을 세속화시키고 베일을 벗기는 일은 본래의 알제리를 세속화한다는 것을 의미했다. 따라서 베일이 문화적 표상인 만큼 그것은 또한 프랑스 점령자들에게 알제리 여성이 어디에나 존재하고 억압적인 아랍 가부장제에 의해 억압받고 숨어 지내거나 은둔하는 상태를 반영했다. 왜곡된 이슬람 자유주의의 원칙에 따라[41] 프랑스 측은 동시에 알제리 여성을 베일로부터 해방하고 알제리 사회를 파괴할 방안을 모색했다. 알제리 여성의 권리를 정당화함으로써 프랑스는 그들도 정당화 시키는 듯했다. 서구 사회학 대가들의 연구에 기반한 "여성을 정복하면 그 나머지도 따라오리라"는 공식은 프랑스의 식민정책이 되었다(37쪽).

여성의 베일을 벗기고 이들을 해방시키는 일은 또한 알제리 남성의 옷을 벗기는 일, 즉 여성과 알제리를 지배하는 그의 힘을 빼앗는 일을 상징한다. 베일을 벗은 여성은 기름진 흙 위에 농사를 짓는 것처럼 알제리 전체에 서구 식민의 씨앗이 싹트도록 촉진하는 셈이다. "여성을 개종하고, 그녀를 외국 가치들로 압도하며, 그녀의 지위로부터 그녀의 자유를 끄집어내는 등의 일은 동시에 남성에 대항한 진짜 힘을 얻는 것이며, 알제리 문화를 파괴한 실제적이고 효과적인 수단을 얻는 것이다"(39쪽).

무자비한 알제리 남성들로부터 여성을 구하려는 프랑스의 노력 가운데 다층적인 전략이 펼쳐졌다. 가장 주

---

41 다음의 자료를 참고할 것. Eddy Souffrant, "To Conquer the Veil," *Fanon : Critical Reader*, ed. Gordon, Sharpley-Whiting, and White (Oxford and Cambridge, Mass. : Blackwell, 1996), 171–79.

목할 만한 것은 식민주의를 통해 여성의 자유를 주창하는 프랑스 여성이 참여했다는 사실이다.

> 알제리 여성의 단결을 도모하기 위한 상호 협동단체들이 엄청난 수로 일어났다. … 자선사업을 향한 사회활동가들과 여성들의 무리들이 아랍 지부를 향해 내려갔다. 빈곤하고 굶주린 여성들이 가장 먼저 포위될 예정이었다. 베일과 은둔에 대항한 분노의 약은 분배된 세몰리나(마카로니의 원료)와 함께 했다. 이 분노는 실질적인 조언과 함께 따라왔다. 알제리 여성들은 그들의 위치가 변화는 데 "기능적이고 중요한 역할"을 수행하도록 초대됐다. 그들은 여러 세기에 걸친 복종에 아니오라고 대답하도록 압박받았다(38쪽).

알제리 남성들이 마찬가지로 빈곤하고 굶주렸다는 사실에도 불구하고 알제리 가부장제와 은둔과 베일의 "불가사의"하고 "구태의연한" 문화적 전통은 여성들의 비참한 상황의 근본적 요인으로 자리잡았다. 다른 한편, 식민주의는 문화 파괴와 착취의 명백한 정치적 원칙과 함께 프랑스 선교단 여성들의 지지를 바탕으로 자유를 위한 여성 운동으로 변모했다.

파농은 이같은 "식민주의" 페미니스트들의 위선을 폭로한다. 그는 알제리 문화 정체성의 순수한 비용으로 식민주의 여성들에게 징발된 자원, 천연재료와 노동에서 파생된 복잡성, 그리고 이익과 더불어 현실에서 젠더 내부 (*intragender*) 권력의 불평등한 분배구조를 지적한다.

식민주의 페미니스트이자 알제리 전투에 참여한 수천 명의 이슬람 알제리인의 고통을 초래한 자크 마쉬(Jacques Massu) 총독의 아내인 수잔느 마쉬(Suzanne Massu)의 경우는 실례로서 언급할 만하다. 1958년, 수잔느 마쉬는 여성연합 운동(Le Mouvement de Solidarité Féminine)을 창설한다. 이 운동은 "두 공동체 여성들의 우정을 위해 깊이 인간적이고 우애 있는 사회질서를 위한 행동"[42]을 주창한다. 그러나 이는 "전통으로부터 일종의 혁명적인 변화를 자극하기"[43] 위한 시도는 아니었다. 수잔느와 자크 마쉬는 심지어 두 명의 이슬람 아이들을 "[그들이] 계획하는 융합의 상징으로서"[44] 아들과 딸로 삼았다. "나는 진심으로 알제리가 프랑스로 남기 원해요"[45]라고 딸 말리카 (Malika)가 그녀의 이슬람 알제리 형제들인 3만 명의 관중

---

42 Jacque Massu, *Le Torrent et la Digue*(Paris : Plon, 1972), 99–104.

43 Massu, *Le Torrent*, 103–104. 수잔느 마쉬의 주장과는 반대로, 이 운동은 알제리 전투 기간 동안 많은 회원의 베일을 태웠던 일례가 말하듯 비밀스럽게 알제리 여성들을 개종하려 했다.

44 Massu, *Le Torrent*, 114.

45 Massu, *Le Torrent*, 288–89.

들 앞에서 식민주의자의 구호로밖에 들리지 않는 연설을
했다는 사실을 고려하면 이들 두 식민주의자의 관대함은
적절하게 보상받았다.

베일을 쓰고 은둔생활을 하는 한 반여성적이라는
비난을 받는 반면, 베일을 찢는 일은 남성 식민주의자적
상상 안의 알제리 여성들에게 가부장적 성(性)화, 매우 성
폭력적이고 반여성적인 함의를 갖는다는 게 파농의 주장
이다. 파농은 전형과 꿈에 대한 정신의학적인 평가와 함
께 유럽 남성의 무의식을 벌거벗은 육체와 강간의 메타포
로 가득 채워 기록한다. 그가 밝힌 바에 따르면, 남성 식민
주의자가 알제리 여성의 베일을 벗기고 자유롭게 하려는
욕망의 위선적인 측면은 결국 이로써 더럽히고 강간하기
알맞은 전형에 이들 여성을 감금하기 위한 데 있다.

> 유럽인의 꿈에서 자행되는 알제리 여성의 강간은 언제나 베
> 일을 찢음으로써 시작된다. 우리는 여기서 이중으로 처녀성을 빼앗
> 는 것을 목격한다. … 유럽인의 공격성은 알제리 여성들의 도덕성을
> 고려하여 이와 같이 표출된다. 그녀의 내성적임과 침묵은 변형된다.
> … 알제리 여성은 매우 비판적이고, 성미가 까다롭고, 심지어 진짜
> 음란하게 돌변한다(46쪽).

알제리 여성이 알제리 남성에게 "자격을 박탈당한

대상"으로 묘사되는 것과 마찬가지로, 그녀가 베일을 벗고 해방되어 "주체성"에 들어가는 순간에 유럽 남성의 정신세계에서 그녀는 그 즉시 대상화되고, 타락한다.

점령자는 알제리 여성이 절대적으로 아무런 의지를 행사하지 못한다는 그릇된 가정 하에 그녀를 다만 알제리 남성이라는 인형극사의 줄에 매달린 인형들처럼 "타성적"(inert)이고 "비인간화된 대상"(a dehumanized object)으로 그린다(36쪽). 그녀는 정체성도 없거니와 알제리 관습과 전통에 뿌리를 두지도 못한다고 점령자는 마찬가지로 잘못된 판단을 내린다. 여성과 베일에 관한 강화된 투쟁의 과정에서 식민지인들은 폭력적으로 대응한다. "베일에 반대하는 무례한 식민주의자들에게 식민지인들은 베일의 숭배로 대항한다"(47쪽). 클라우제비츠 총전쟁(Clausewitzian total war)으로 전쟁이 확장되면서 알제리인들은 여성을 포함하여 그들의 모든 군수품을 끄집어낸다. 그리고 이때에 알제리는 본격적인 혁명전쟁에 돌입하게 된다.

몸의 정치학 : 혁명 여성들, 혁명전쟁

알제리 여성에 대한 파농의 논의는 여성들이 전통의 틀 밖을 한 걸음 나와 자신 외의 새로운 자아를 형성하도록 한 해방전쟁의 측면에서 이들 여성의 참여로 이끈 요소들과 사건들을 이어 재고찰한다. 그녀는 프랑스 남성에게 실제로든 상상에서든 강간당하고 억압의 상징의 상징으로 점령자에게 이용당함으로써 언제나 간호사, 타이피스트, 봉제사와 같은 다양한 전통적 성역할로만 전쟁에 참여했다. 그러나 1955년 전투의 다른 형태로 가시적이고 필수적인 식민사업을 위해 점령군은 이들 여성들을 전쟁의 무자비한 결과로 소개했다.[46] 파농이 인식하듯 여성을 포함시키려는 결정은 전체적으로 남성들에게 위탁되었다.[47] 여성을 알제리 독립투쟁에 참여하도록 남성의 특권을 확대(extending)했음에도 여성들이 세상의 이목을 집중시키며 전쟁에 자원했다는 사실은 퇴색되지 않는다.

---

[46] 제10회 버크셔 여성 역사 컨퍼런스(the Tenth Berkshires Conference on the History of Women)에서 인도 페미니스트 타니카 사카(Tanika Sarkar)는 또한 어떻게 영국이 인도 여성을 그들의 식민 캠페인과 역사 유형에 중요하게 만드는지를 논의했다.

[47] 버리스는 남성이 여성을 포함하자는 최종 결정을 내린 사실에 크게 반발한다. 이 상황은 미국에서도 마찬가지이다. 여성은 미국 군대에 참가하기 위해 세상의 이목을 집중시킨다. 탈식민화를 위한 싸움은 남성의 싸움이니만큼 여성의 것이기도 하므로 파농은 이같은 남성의 결정에 대해 칭찬한다. 더 하여 혁명투쟁을 통하여 여성의 지위는 자매이자 품에 안은 동지로 변했다. 최소한 이것이 파농이 믿었던 바이다. 더 중요하게는, 파농은 여성이 남성을 위한 대체물이나 종속된 것으로 여겨져서는 안 된다고 주장했다.

초기 여성 혁명가들은 남편이 주로 군인인 기혼녀들이었다. 후에 이혼하거나 과부인 여성들과 이어 젊은 미혼 여성들이 이 여성 군대열에 합류했다. 다양한 연령층과 결혼 여부로부터 많은 수의 여성들이 늘어나면서 여성의 역할은 간호사부터 산악 안내자와 연락책, 돈, 연료, 무기, 신분증과 의약품을 나르는 첩보원에 이르기까지 크게 확대됐다. 파농은 "모두 예외적인 도덕적 복종과 역할의 강화가 여성들에게 필요했다"(48쪽)고 전한다. 알제리 남성 자유 투쟁가들과 달리, 포획된 알제리 여성 혁명가들은 강간과 죽음을 피할 수 없었다. 혁명적 전쟁과 폭력은 비극이었다. 여성들은 생명을 잃고 나서야 자유를 얻었다. 이와 같이 파농이 볼 때 여성과 혁명가 사이에는 일관된 특징이 있다. 처음부터 죽음이 너무 명확하기 때문에 그녀는 비극의 수위로 바로 달려간 것이다(49-50쪽).

알제리 여성을 위한 훈련 캠프나 강화 준비과정, 심지어 모범이 될 만한 소설이나 연극의 인물조차 없었다. 말랐거나(동화된 알제리인으로서 나타나서)[48] 혹은 부풀었거

---

48 역주_ 프랑스 정책에 동화된 경우 베일을 더 이상 쓰지 않았으므로 다른 알제리 여성들의 외형보다 가늘어 보임을 비유적으로 표현한 말이다.

나(하익 속으로 다양한 필수품을 나르기 때문에) 하면서 알제
리 여성은 유럽의 거리에 자연스럽게 나타나야 했다. 그
러나 처벌, 추방과 대중적이고 가족적이며 개인적인 수
치가 두려워서 베일 없이 혼자 거리를 나선 적이 없는 여
성에게 이같은 경험은 위압적이면서도 해방감을 주었다.
그녀는 모든 소심함과 어색함을 극복하며 편안한 보폭으
로 자신감 있게 보여야 했다. 그녀는 새로운 신체부위와
근육 조절을 통해 자신의 육체에 대해 다시 배워야 했다
(59쪽). 자유로운 엉덩이와 벗은 다리, 그리고 "규율적"이
고 "단련"하여 "고립"시키는 하익으로부터 속박되지 않
은 육체는 자연스럽게 그녀의 갈등을 초래했다(59쪽). 베
일의 층들로 인해 가려지고 격리됐던 여러 해가 지나 여
성은 가장 심오한 감각에서 알몸이 되었다. 혁명투쟁 가
운데 그녀의 육체적 유형을 다시 발견하면서 여성은 자
신의 육체 도식에 익숙해지고, 새롭고 "완전히 혁명적인
방식"으로 그녀의 육체를 다시 세움으로써 자기 완전성을
창조한다(59쪽). 파농은 이를 "혁명적인 알제리 여성의 육
체와 세계의 새로운 변증법"이라고 칭한다(59쪽). 혁명의
근거를 위해 버린 베일은 투쟁의 과정에서 다시 찾게 된
다. 식민주의에 맞서기 위한 새로운 방법들을 고안하고
적용하려는 알제리의 의지 때문에 알제리 여성이 이끈 변

화가 자리 잡을 공간이 마련됐다. 그녀는 더 이상 "정적인 대상"(inert object)이 아니라 행동하는 여성이 됐고, 또 그럴 수 있었다. 지금 열린 자유로의 길은 새로운 여성의 창조로 이어진다.

파농의 「알제리 가족」

파농은 알제리 여성의 중심적 위치에 대해 다시 한 번 언급하면서 알제리 가족에 관한 분석에 착수한다. 알제리 가족에서 여성의 변화는 "심도 깊은 반향(反響) 없이 일어날 수 없었을 것이다"(59쪽). 민족해방을 위한 전쟁은 여성들의 집단적이고 조직적인 정치적 의식과 급진주의를 키우면서 알제리 여성들에게 주목할 만한 긍정적인 결과를 가져왔다. 또한 전쟁은 아버지나 형제의 죽음과 함께, 그리고 혁명 활동가이자 자유의 요원인 여성들의 참여를 통해 "가부장적인" 핵가족의 개념에 도전했다.

그러나 파농이 볼 때 행동에 대한 전통적인 관념들이나 양식은 쓸모가 없고, 반혁명적이었으며, 혁명전쟁 동안 반드시 폐기되어야 할 것들이었다. 사실 조국 독립의 여파 가운데 현대 사건들은 계속 전개되고 있으므로 퇴보적인 전통들은 포스트모더니티와 페미니스트 의식 앞에서 한계를 드러냈다.

파농은 다양한 가족관계와 이들 관계를 통제하는 전통적인 법칙들을 소개하면서 여러 장에 걸쳐 알제리 가족에 관한 글을 쓴다. 「아들과 아버지」, 「부부」, 「딸과 아버지」, 「형제들」, 「여성적 사회」, 「결혼과 이혼」 같은 각 장에서 그는 혁명으로 인해 일어난 관계 변화의 윤곽을 그리고, 투쟁 기간이나 그 이후 특히 젊은 알제리 여성의 경우에 있어서 여러 세기에 걸친 낡은 전통에 집착하거나 강화하는 일이 소용없음을 탐구한다.

「딸과 아버지」 장에서 이 혁명 이론가는 혁명 전의 알제리 사회에서 전통적인 아버지와 딸의 관계와 여성의 사회적 위치에 대한 통찰력을 보여준다. 「알제리 가족」에서 파농은 "딸은 언제나 아들보다 한 수 뒤처진다"라고 관찰하면서 다음과 같이 말한다.

> 남성은 거의 군주다운 신분을 즐긴다. 아들의 탄생은 딸의 그 것보다 훨씬 큰 열광을 맞는다. … 딸은 그녀의 개성을 발전시킨다거나 어떤 창의적인 일에 착수한다거나 하는 등의 모든 가능성을 고려해도 아무 기회를 갖지 못한다(105-106쪽).

위계질서에 틀 박힌 성관계의 특징을 직시하면서 파농은 어떻게 여성이 집안에서 주변부로 밀려났고 "소수자"로서 취급받는지를 밝힌다. 이혼이 오직 남성들의 수단이라는 사실은 "가족에 안주한 알제리 여성에게 거의 강박적인 공포로서의 무게를 갖고 있다"(106쪽). 어린 소녀는 남성 권위에 대해 그녀의 어머니가 보여준 묵인과 복종의 자세를 취한다. 그녀가 사춘기에 이르러 "다 큰 소녀"(childwoman)가 되면 결혼해 버린다(106). 결혼생활에서도 여전히 "소수자"로 취급되는 가운데 그녀는 그럼에도 불구하고 남편의 가사를 책임지는 가정 내의 우두머리로서 비슷한 권위를 갖는다. 아동기, 사춘기와 결혼으로 이어지는 여성 발전의 서구 현대 모델과는 다르게[49] 파농은 알제리인들이 오직 두 단계, 즉 아동-사춘기와 결혼만을 인정한다고 진술한다(107쪽). 이 분석에서 파농은 식민주의가 악화시킨 알제리의 문맹, 가난과 실업이 다 큰 소녀들이 다른 선택을 할 수 없게 한다고 조심스레 설명한다(107쪽).

민족해방을 위한 싸움은 이같은 전통적 행동규약과

---

[49] 이는 특히 현대의 유형이다. 19세기 후반에 프랑스 남성은 사춘기의 십대 소녀, 즉 다 큰 소녀를 신부로 맞이할 수 있었다.

관습들의 상당 부분을 철폐하도록 강요했다. 혁명전쟁은
혁명요원으로서의 여성이 스스로를 베일로부터 해방하
고, 자신의 육체를 다시 배워 자기의 개성을 발전시킬 수
있는 길을 열어놓았다. 다시 파농을 길게 인용해 보자.

> 수류탄이나 자동소총 장전대를 나르던 이 여성은, 내일이면
> 분노의 대상이 되어 폭행당하고 고통받을지 모르는 이 여성은 이전
> 의 정신상태로 돌아갈 수 없고, 과거 그녀의 행동을 복구할 **수도 없**
> **다**(저자 강조). 알제리 역사의 영웅적인 지면을 쓰고 있는 이 여성
> 은 그렇게 함으로써 그녀가 속했던 편협한 세계의 연대를 깨뜨려 버
> 렸고, 동시에 식민주의의 파괴와 새 여성의 탄생에 참여했다. … 결
> 혼을 추구한 여성은 진보적으로 사라졌고, 행동하는 여성들에게 길
> 을 내주었다. … 남성의 말은 더 이상 법이 아니다. 여성은 더 이상
> 침묵하지 않았다. … 여성은 더 이상 남성의 보충물이 아니다. **그녀**
> **는 말 그대로 순전히 자신의 힘으로 스스로를 위한 새로운 자리**
> **를 구축했다**(107-109쪽).

파농이 자율적이고 완전한 사회적 존재로서 알제리
여성의 권리를 인정했음은 명백하다. 그가 여성들이 주변
화된 위치를 인식했다는 것 또한 명백하다. 그녀는 알제
리와 자신의 자유 해방을 가져오기 위해 노력한 행동가이
자 요원이었다. 아버지는 오랜 기간에 걸친 조직활동(maq-
uis)이 끝난 순간, 여성 혁명가의 말할 권리와 그녀의 도덕

성에 대해 더 이상 의문을 제기할 수 없다. 그녀는 가부장과 말할 때 더 이상 그녀의 고개를 숙이지 않았다. 여성은 자신의 배우자를 고를 권리를 주장하며 세상의 귀추를 주목시켰다. 더 중요하게도 알제리 여성들은 역사에서 자신들을 자리매김하고, 역사 기록을 재서술하며, 침묵, 불가시성과 순종을 거부했다. 이들은 다른 알제리 여성들이 [「여성적 사회」(Feminine Society)] 보고 배울 수 있는 새 여성과 새 여성상을 창조했다. 따라서 이들 여성들은 침묵하던 예전으로 돌아갈 수 없다. 그리고 이들은 현대 근본주의 활동가들이 자라도록 도왔던 일터, 학교와 공공 장소와 같은 전통적으로 "허락되지 않은 분야들" 속에서 그들 스스로를 문자 그대로 역사 속에 자리매김한다.

알제리 여성성의 역사 쓰기

알제리 여성 사회와 알제리 해방투쟁에 관한 저작 전반에 걸쳐 파농은 "혁명전쟁은 남성의 전쟁이 아니기" 때문에 여성이 단지 "남성의 보충부분"에 불과하다는 생각에 반대한다(48쪽). 따라서 투쟁의 이점, 이름하여 자유 해방은 남성에게만 적용되어서는 안 된다. 일반적으로 역사 편찬의 기록과 텍스트들에서 알제리 여성들이 이슬람 여성의 전형(*fatmas*), 암컷 짐승의 눈을 가진, 비활동적이고 목소리가 없다고 묘사되듯이, 전쟁에 관한 프랑스의 문서 기록이나 알제리 전역 당국의 문서 기록에서, 혹은 현대 문화적 기억에서도 민족해방 투쟁에서 이들의 공헌은 종종 잊혀지거나 과소평가되었다.

알제리의 아시아 저바(Assia Djebar),[50] 파델라 음라벳(Fadela M'Rabet), 쟈밀라 앙라네(Djamila Amranes)와 같은 현대 페미니스트 작가들은 알제리 여성에게 목소리와 현재성을 부여하기 위해 역사 기록을 다시 쓰는 중이다. 그러나 이같은 페미니스트 작업은 이미 1959년 파농의 저서 『식민주의의 쇠퇴』에서 예견된 바이다. 파농은 "알제리는 여성이 없는 사회가 아니다"(67쪽)라고 주장한다. 그리고 여성들은 새 알제리의 역사 서술 가운데 자리매김해야 한다. 말하자면 "새" 역사 서술작업은 단순히 간호사나 폭약을 나르거나 장전대를 운반하는 여성, 혹은 목소리, 이

---

50 저바의 역사적 자전적 소설을 참고할 것. *L'amour, la fantasia*. 같은 작가의 *Le blanc de l'Algérie*도 참고할 것. 이 소설에서 작가는 조시(Josie)와 프란츠 파농에 대한 그녀의 우정을 밝히며 이들의 죽음에 애도를 표한다. 저바는 알제리 독립을 위한 파농의 업적들을 칭송한다. 또한 그녀는 파농이 알제리와 알제리의 현대 위기의 역사과정을 걸쳐 강조되지 못했음을 잘 인식한다.

야기를 전하는 첩보 요원과 이들의 전투뿐만 아니라 다음과 같은 사항을 반드시 포함해야 한다.

> 도시의, 산악지대(*djebel*)의, 적의 집행부의 여성, 매춘부나 그녀가 얻은 정보, 감옥에서 고통에 처하거나 죽음을 대면한 재판 직전의 여성. 물질체계가 바뀐 후, 이 모든 앞선 장들은 민족투쟁의 역사를 위한 셀 수 없이 많은 핵심적 사실들을 밝혀낼 것이다(60쪽 15번 주석).

전역 당국이 혁명에서 여성의 역할을 부정하고 이에 여성들이 일자리나 후기 식민시대에 퇴직 혜택을 못 받는 것과는 달리, 민족 독립투쟁에 참여했던 모든 여성 각각은 『식민주의의 쇠퇴』에서 혁명가로, 독립 알제리와 여성의 총체성을 위한 전투가로서 기록되었다. 혁명사상가, 이론가이자 알제리 혁명전쟁의 참가자로서 파농은 그의 저술에서 안팎의 억압에 저항한 여성들의 실체적인 증언을 제공한다.

알제리 여성에 대한 파농의 저작이 현대 신화작업의 근거를 제공할 수 있음에도 불구하고 그의 저작은 조금도 신화적 요소가 없다. 신화적 요소가 있다는 주장은 파농 저작의 경험적 특성, 즉 그가 목격하고 해석한 바를 무시하는 처사이다. 그가 "물질체계가 바뀐 후, … 민족투쟁의 역사를 위한 셀 수 없이 많은 핵심적 사실들"을 밝혀낼 것이라고 적을 때, 알제리 민족투쟁에 관한 결정적이고 완성된 역사적 그림을 그의 저작이 대변한다는 사실을 파농은 의도하거나 믿지 않았음은 분명하다. 앙라네와 헬리 루카스의 연구, 라벳의 『알제리 여성』(*La Femme Algérinne*)과 저바의 역사 소설들과 영화는 수많은 중요한 사실과 모순들을 벗겨낸다.

여성들이 자유 알제리를 위해 싸우고, 죽고, 또 헌신했다는 사실은 정당하게 기록돼야 한다. 남성 작가들이 여성들의 활동을 연대기에 싣기로 결정한 사실은 역사적 순간에서 여성들과 그들의 공헌이 갖는 중요성을 인식했음을 보여준다. 또한 이는 페미니스트 비평가들이 역사로부터 여성을 제외하는 가부장적 경향이라고 오랫동안 지적한 바를 반영한다. 알제리 여성들은 그들 스스로 역사 안으로 들어갔다. 그리고 이 여성들이 역사를 만들어 나갔다. 파농은 순수히 알제리 여성의 저항이 기억되고, 환기되며, 또 자아실천의 탐색 안에서 여성들에 의해 교정될 수 있는 방식으로 서술됐다.

오늘날 파농은 "네가 한다 해도 비난받고 하지 않더라도 비난받는다"(damned if you do, damned if you don't)라는 식의 취약한 비판에 걸려들었다. 알제리 여성에 관한 글

을 쓰면서 그는 여성의 침묵과 남성의 특권, 그리고 복화
술을 재각인시켰다는 이유로 비난받는다.[51] 1959년 만약
그가 여성에 대해 단 한마디의 언급도 없이 알제리 혁명
에 관해 썼더라면 그는 성차별주의자로 몰려 마찬가지의
공격을 받았을 것이다. 그러나 그가 여성을 주제로 다뤘
기 때문에 오늘날 파농은 성차별주의자로서 보수주의적
하위 텍스트를 통해 신화작업을 했다고 비난받는 것이다.

현대 사회의 문화와 페미니스트 저항의 정치학에서
파농을 다시 생각할 때, 그의 "신화들"을 폭로하자는 주
장이 그의 사상을 "신화들"로 규정짓는 것은 우리의 흥미
를 만족시키지 못한다. 페미니즘 비평의 윤리는 공격적인
오독과 텍스트의 수정주의 없이 파농의 저작과 역사 해석
가운데 비판적으로 참여하고 결점을 밝혀내도록 하는 데
있어야 한다.

---

51 다음 자료를 참고할 것. Rajanna Khanna, "The Fourth Cinema" (unp-
ublished, on *The Battle of Algiers*). 이 저자는 많은 부분 파농의 『식민주
의의 쇠퇴』에서 빌려온다. 그러나 알제리 민족해방전선과 민족해방
군의 회원이었고 알제 전투에 비판적인 사디 야세프(Saadi Yacef)는
폰테코르보(Pontecorvo)의 해석을 많이 따른다. 야세프는 이 영화에
직접 출연했다. 다음의 자료도 참고할 것. Diana Fuss, "Interior Colon-
ies : Frantz Fanon and the Politics of Identification," *Diacritics*(Sum-
mer/Fall 1994) : 20-39.

헨리 루이 게이츠(Henry Louis Gates, Jr.)가 호미 바바 (Homi Bhabha)를 관찰하듯이 "누군가는 파농이 그 자신이 었던 것보다 더 나아지기를 바란다"는 발언이 가능할 듯 하다.[52] 그러나 나는 프란츠 파농의 최선을 이해하거나 활용하기를 거부한 많은 페미니스트 비평가들이 있음을 솔직하게 말할 수밖에 없다.

---

[52] Henry Louis Gates, Jr, "Critical Fanonism," *Critical Inquiry* 17 (Spring 1991) : 460.

미국의 급진적 흑인 페미니스트들과 파농과의 상관성

무엇보다 우리가 대의(大義),
즉 민중들의 대의, 정의의 대의, 자유의 대의를 위한 노예가 아니라면
우리는 이 지구상에서 아무 존재도 아니다.

＊ 프란츠 파농, P. 가이스마(P. Geismar)의 『파농』(*Fanon*)에서 인용

파농이 말하듯이 그들은 역사에 없었다. 그들은 역사의 밖에 있을 뿐이다.
오늘날 여성 해방운동의 발전에서 우리가 볼 수 있는 것은
여성이 역사로 들어가기 시작했다는 사실, 여성이 여성을 위해 말하기
시작했다는 그 사실이다. 또한 여성이 여성을 이해하고,
여성의 역사를 분석하기 시작했으며, 여성을 억압한 바를 다루기 위해
능히 이 억압의 원천이 된 뿌리를 찾아간다는 사실이다.

＊ 캐슬린 클리버(Kathleen Cleaver), 『흑인 학자』에서
캐슬린 클리버의 인터뷰 중(The Black Scholar Interviews Kathleen Cleaver)

흑인들의 진정한 자유 해방은
그들이 여성의 열등함과 오직 남성들의 눈에만 보이는 경쟁을 거부하고

> 남성, 아이, 혹은 여성 등 인식되는 모든 형태에서 일반적인 인간으로서의
> 잠재력에 대한 존중을 재차 단언할 때 가능하다고 나는 주장한다.
>
> * 린다 라 뤼(Linda La Rue),
> 「흑인 운동과 여성 해방」(The Black Movement and Women's Liberation)

이 책의 1장에서 페미니스트와 파농 간의 갈등에 대해 자세히 설명했듯이 파농에 대한 페미니스트들의 입장은 저마다 다르지만 파농의 사상과 현대 미국의 급진적 흑인 페미니스트들의 논의들 간에는 분명한 상관성을 찾을 수 있다. 이번 장에서는 린다 조 라 뤼, 프랜시스 베일과 벨 훅스의 저작들에서 두드러진 파농 사상의 요체와 이들 페미니스트들의 상관성을 다음과 같은 방법으로 모색하고자 한다. 우선 영구적 혁명(revolution-in-permanence)에 의해 제기된 사회적으로 민주적이고 젠더를 고려한 신인본주의(New Humanism)를 살펴보고, 다음으로 흑인 자유 해방, 탈식민지화와 인종주의와 인종적 표상들에 대한 현상학들을 정치적·사회적으로 이론화하는 작업을 검토할 것이다. 그러나 더 중요하게 파농이 진보적인 유럽과 미국의 페미니스트 문학 비평가들에 의해 제기된 여성 혐오증과 행동 주체를 속박하는 주장들로 비판받았기 때문에 이들 급진적 흑인 페미니스트들

과 파농의 상관성은 역설적으로 들릴 수 있다. 사실, 파농 주의 사상은 분명히 성진보적(gender progressive)이고, 페미 니스트 저항의 정치학에 매우 유용하다고 이해할 수 있 다.

린다 라 뤼_

(백인) 페미니즘, (흑인) 성차별주의, 그리고
파농의 성진보주의

1970년 5월, 흑인 혁명에 관한 주제로 출판된 『흑인 학자』에 린다 조 라 뤼의 논문 「흑인 운동과 여성 해방」 이 게재되었다. 퍼듀 대학(Perdue University)에서 정치학을 전공하던 대학원생으로서 라 뤼는 떠오르는 흑인 페미니 스트 의식의 원칙들에 대해 명시했다. 라 뤼는 지배적 주 류 여성 해방운동에 기댄 부르주아 이데올로기의 관점에 서 당시 많은 흑인 여성 활동가에 대한 회의를 견지하고 논의를 전개하기 때문에 여기서 나는 "떠오르는"이라는 표현을 강조해야겠다. 라 뤼의 논의는 벨 훅스와 같은 페 미니스트들에 의해 "반페미니스트"라는 공격을 받을 만 했고, 실제로 그래왔다. 사실 라 뤼는 그 당시 사회 저변의 여성들 사이에 나타난 다인종적(multiracial) 조직화를 간과했다. 그녀의 비평 수위가 베티 프리던(Betty Friedan)의 『신비로운 여성성』(Feminine Mystique)에 등장한 다양한 페미니스트들에게 직접적으로 맞춰져 있는 반면, 라 뤼는 또한 어떤 계급이나 인종이 객관적 틀 안에서 자유롭지 못하고 참된 인간으로서도 평가받을 수 없다는 사실을 알아채지 못한다. 이러한 전면의 한계에도 불구하고 라 뤼는 진보적인 흑인 페미니스트 의식으로 특징지을 수 있는 성차별적인 억압과 여성 해방의 필요성을 날카롭게 인식한다.

라 뤼는 한참 번성한 여성 해방운동의 "일반적인 억압"의 논조이자 후에 훅스가 1984년에 쓴 『페미니스트 이론 : 주변주에서 중심으로』에서 비판의 논의를 넓힌 당대 운동을 비판적으로 검토했다. 뿐만 아니라 그녀는 흑인 해방운동에 관한 지배적인 백인 중산층 여성 운동의 "갑작스러운 집착"이 "흑인 여성과 흑인 해방의 단순히 주변적인 관심과 본질적으로 백인 여성의 권리를 위한 관심으로" 이뤄졌다고 주장한다.[1] 라 뤼는 통찰력 있거나 때

1 Linda Jo La Rue, "The Black Movement and Women's Liberation," *Black Scholar*(May 1970) : 37. 앞으로 라 뤼에 관한 모든 괄호 속의 인용은 이

로는 다소 약한 비판에서 백인 중산층 여성의 사회·경제·정치적 움직임의 가부장적인 한계선과 흑인들의 인간성을 정면으로 부정하는 백인 헤게모니를 구별하여 억압(suppression)과 학대(oppression)의 이분법을 소개한다. 그녀는 일반적인 억압의 유추법은 다음과 같은 비유들과 마찬가지로 매우 유용하다고 주장한다. 가령, "교수형에 처한 남자의 목과 밧줄에 화상을 입은 아마추어 등산가의 손"에 비유한다든지, "자신의 아이들을 챙겨 먹이기 힘들어 보조비를 받는 흑인 여성"을 "자기 가족의 충분한 식사에 쓰인 그릇을 닦는 데 사치를 부린 교외 어머니의 불만"에 비유하는 식 말이다(36쪽).

라 뤼는 전체 흑인들과 특히 흑인 여성의 관심이 개혁가이자 사회적으로 평등한 종족에 관한 협의사항을 갖는, 그리고 인종적으로 나뉜 사회계급 내의 새로운 성 역할을 요구하는 사회개혁 전략을 갖는 주류 여성 해방 운동가들과의 연합 안에서 제 역할을 할 수 있는가에 대해 의문을 제기한다. 라 뤼는 여성 해방운동 가운데 진보적이거나 급진적인 요소가 있다고 본다. 그러나 그녀는 또

논문의 페이지에 따른다.

한 사회적 평등을 부르짖는 페미니스트들은 이러한 요소를 지나치게 강조했으나 결국 현상 유지를 함으로써 모두 바라는 바를 위한 운동으로 마무리되었음 또한 지적한다.[2] 말하자면, 기회가 주어지면 많은 페미니스트들은 합의와 개혁 사이에서 안주할 것이며, 그들은 벨 훅스가 지적하는 모든 억압받는 사람들을 위한 급진적 사회개혁을 위해 투쟁하기보다 "백인의 권력"에 편승하기를 선택할 것이다.

라 뤼의 분석은 가난한 노동자 계급의 흑인 여성과 중산층 백인 여성 사이, 또 흑인의 학대(oppression)와 중산층 백인 여성의 "억압"(suppression) 사이의 차이를 지우는 데서 그치지 않는다. 그녀는 또한 해방운동에 포함된 흑인(남성과 여성들)의 성차별주의에 관해서도 문제를 제기한다. 그녀는 우선 인종적 결속력, 학대의 공유와 백인 중산층의 이해관계에 기반한 백인 여성 운동의 관점에서 흑

---

2 라 뤼의 분석은 심지어 우리의 현대 시대에도 적합하다. 1996년 대통령 선거에서 여성들의 출구조사를 참고하면, 가정에서 일하고 가족을 돌보는 여성들은 그들의 남편과 마찬가지로 밥 돌(Bob Dole)을 뽑았으며, 총기를 휴대한 여성과 마찬가지로 연 10만 불 이상의 소득이 있는 백인 여성 또한 밥 돌을 뽑았다. 그러나 노동자 계층 여성들은 돌이 32%인 데 반해 클린턴(Clinton)을 여성 유권자의 58% 투표하도록 이끌면서 클린턴에게 표를 던졌다.

인 여성의 활동적인 역할을 수용해야 할 이유를 흑인 남성들의 감성에 호소한다. 이러한 입장은 (흑인) 여성의 열등함과 관련된 전형들을 거부함으로써만 가능하다. "백인 여성들이 현상 유지를 강화할 때 흑인들은 흑인 여성들을 '가정과 아이들'에게 좌천시킬 수 있을까? … 운동은 급속도로 쇠퇴하지 않는 투쟁의 위치에 있는 여성들을 필요로 한다. 흑인들이 직면한 투쟁은 싱크대 혹은 기저귀통의 칼과 포크 사이에 있는 것이 아니다"(41쪽). 이 같은 퇴보적인 성정치학, 즉 활동적인 흑인 여성들을 "백인 여성들이 져버리기 시작한 여성의 열등함을 재탕한 자리"로 집어넣으려는 시도를 폭로하는 가운데(41쪽), 그리고 혁명적 환경에서 살아 남고 노예제, 짐 크로우(Jim Crow)와 다른 역사적이고 오늘날 빈번히 일어나는 인종 테러리즘과 성적 착취 가운데 흑인들의 "역할 통합"(role integration)을 칭송하면서(38쪽) 라 뤼는 프란츠 파농으로 논의를 돌린다.

『식민주의의 쇠퇴』의 알제리 여성에 대한 파농의 논의를 길게 인용하면서 라 뤼는 "파농은 이같은 역할 변화에 대해 영광스러운 어조로 표현한다"고 말한다.

베일을 벗은 알제리 여성은 혁명적 행동에서 점차 중요한 위치를 차지하면서 개성을 발전시키고 책임감의 찬탄할 만한 영역을 발견했다. … 알제리나 콘스탄틴의 거리에서 수류탄이나 자동소총 장전대를 나르던 이 여성은, 내일이면 분노의 대상이 되어 폭행당하고 고통받을지 모르는 이 여성은 이전의 정신상태로 돌아갈 수 없고, 과거 그녀의 행동을 복구할 수 없다(107쪽).

단순히 문맥과 인종을 바꿈으로써 라 뤼는 다음과 같이 요구한다.

생존의 **행동**에서 노예제의 흑인 여성들이 **점차 중요한 위치를 차지**하고, 따라서 그들의 개성들과 **책임감**을 발전시켰다고 말할 수는 없는 걸까? 분노의 대상이 되어 **폭행당하고 고통받은** 후에 그녀는 **이전의 정신상태로 돌아가서** 과거 그녀의 행동을 복구할 수 있는 걸까? (39쪽)

라 뤼는 미리 정해진 남성과 여성의 사회적 역할은 결국 영구적이지 않다고 주장하면서 남성이 우수하고 여성은 열등하다는 생각은 퇴보적이라고 말한다. 인종 간 반성차별주의적 사항들을 내세우면서 라 뤼는 몇몇의 미국 흑인 남성과 여성이 지배문화와 지나치게 동일시되어 왔고, 그래서 가장 비이성적이고 퇴보적인 성정치학에 그들의 역할이 구체화되었다고 역설한다. 생존주의적 환경에서 소개된 수정원칙들을 흑인 성정치학으로 이해하지 않으려는 자세는 흑인 여성 수행자, 주체와 자율성을 억압하려는 시도와 상당히 닮았다. 흑인 여성의 저항과 생존전략은 패트릭 모이니한(Patrick Moynihan)의 "흑인 여성 가장"(black matriarch)의 경멸적인 울림과 함께 비난받는다. 흑인들이 미국 내 식민주의와 사회적 부당함에 대항해 투쟁하는 동안 많은 이들은 동시에 흑인 여성을 성적으로 식민화하려 시도했다.

　　라 뤼는 해방운동에 관한 파농의 정치적 보고서들의 영향과 미국 흑인 해방운동의 많은 요소들이 탈식민지화되어야 함을 발견한다. 이에 그녀는 성차별주의와 내재화된 억압과 관련한 자신의 분석을 뒷받침하기 위해 파농의 저작을 끌어들이고, 나아가 관습적인 성역할의 예로 흑인들의 상황을 제시한다. 이와 같이 파농을 불러내는 작업은 부인할 수 없이 파농의 『식민주의의 쇠퇴』나 질로 폰테코르보(Gillo 혹은 Gilles Pontecorvo)의 영화 『알제리 전투』에서 묘사하듯이 알제리 독립전쟁에 참여한 여성들을 칭송하는 해방주의자들의 위선을 강조한다. 이는 또한 파농 자신의 성진보주의에도 불구하고 이 운동이 깊이 관여한 성차별주의적 관행에 대해 밝힌다. 압도적인 흑인 남성

의 리더십과 학생 비폭력조정위원회(Student Nonviolent Co-
ordinating Committee : SNCC), 흑표범당(Black Panther Party),
노예 연합(United Slaves) 등 진보적인 마음 자세와 비판적
의식의 구두상 명찰을 달았다고 알려진 조직들에 속한 남
성과 여성의 일반 조합원들은 파농을 자주 인용했으나 사
실 이는 순전히 의미 없는 낭송으로서 든 경우가 대부분
임을 이들 스스로 보여준다. 자유 해방주의자들은 성공적
인 사회운동과 "범주와 질과 여성의 참여" 사이의 상관성
에 관한 파농 사상의 근본적 전제를 놓치고 말았다.[3]

　　라 뤼는 실제로 자유 해방에 대해 근본적으로 편협
하고 압도적으로 남성적인 해석으로부터 파농의 사상을
끌어내 전유한다. 그녀는 따라서 여성 가부장제의 신화를
폭로하고, 여성의 열등함을 거부하며, 인식론적 인본주의
의 맥락에서 해방 이론과 실재를 재개념화하는 흑인 페미
니스트 저항 정치학의 틀 안에서 파농의 사상을 재정립
한다. 여기서 프란츠 파농의 반성차별주의는 운동의 배타
주의와 조야하고 퇴행적인 성정치학의 비판으로서 자리

---

3 Angela Davis, "Reflections on the Black Woman's Role in the Community
of Slaves," Beverly Guy-Sheftall's *Words of Fire : An Anthology of African
American Feminist Thought*(New York : The New Press, 1996), 215.

매김한다.

프랜시스 베일_

"신세계"(The New World), 신인본주의와 여성의 자유 해방

로빈 모간(Robin Morgan)의 『자매애는 강하다』(*Sisterhood Is Powerful*, 1970)에 처음 실리고 같은 해 토니 케이드 뱀버라(Toni Cade Bambara)가 편집한 문학전집 『흑인 여성』(*The Black Woman*)[4]에 게재된 프랜시스 베일의 「이중 위험 : 흑인이면서 여성이 되기」(Double Jeopardy : To Be Black and Female)는 비벌리 게이-셰프털(Beverly Guy-Sheftall)에 의하면 "여성 해방 출판물의 초기 시대에서 가장 잘 수록된 논문"[5]이다. 베일은 인종주의, 성차별주의와 계급 착취의 세 연대(tripe bind)를 날카롭게 탐구하면서 재생산과 출산 억제정책에서 보이는 국가 정책과 폭력, 흑인 여성의 경제적 착취, 모든 인종의 남성들 가운데 있는 성차별주의,

---

4 이곳에 인용된 베일의 모든 논문의 페이지는 다음 출처에 따른다. Toni Cade Bambara, *The Black Woman : An Anthology*(New York : Mentor, 1970), 90-100.
5 Guy-Sheftall, *Words of Fire*, 145.

페미니스트 조직화 중에 나타난 백인 여성들의 인종주의와 반남성적 편견에 돌을 던지길 마다하지 않는다. 격동의 1960년대와 1970년대의 활동가이자 지식인으로서 베일의 인종, 성과 계급적 편견에 대한 해설은 마르크스주의, 파농주의와 흑인 페미니스트 사상 간의 조화를 대변한다.

1966년 학생 비폭력조정위원회의 흑인 여성 해방 위원단의 창립 회원으로서 베일은 민족 독립을 위한 프랑스와 알제리 간의 전쟁이 최고조에 이르렀을 6년 동안 파리에서 머물렀다(1960-1966). 그녀는 파농의 『식민주의의 쇠퇴』가 프랑소와 마스페로(François Masfero)에 의해 출판된 그 다음해 파리에 도착했다.[6]

많은 활동가들은 『대지의 저주받은 자들』이 흑인 혁명의 지침서라고 주장한다. 그러나 『식민주의의 쇠퇴』는 새로운 알제리에 관한 논의와 민족 독립의 결실에서 알제리 여성의 전적인 참여를 요청하기 때문에 베일이 제시한 미국의 "신세계"에서 마찬가지로 유용하다.

----

6 『식민주의의 쇠퇴』는 프랑스에서 출판(1959) 후 1년 동안 금서였다. 같은 해 프랑스 정부는 파농이 의료활동을 위해 로마에 있는 동안 파농을 암살하려 했다.

라 뤼와 베일의 공통점은 주목할 만큼 방대하게, 그리고 불가사의할 정도로 눈에 띄게 여성과 해방에 관한 파농의 논의를 적용한다는 데 있다. 라 뤼가 "성적 식민주의"(sexual colonialism)라고 부른 바를 베일은 다시 한 번 "합법화된 매춘"(legalized prostitution, 91쪽)이라고 비난한다. 둘 다 남성과 여성의 사회적 역할을 결정하는 미국 사회의 구조에 도전한다. 베일은 "미국은 각 개인이 동의해야만 하는 역할들을 정해놓았다. 미국은 자기의 관심에 따라서 '남자다움'을 규정했고 마찬가지로 '여자다움'을 규정짓는다. … 우리는 이같은 각각의 역할들을 그 성질과 상관없이 거부한다"(90-91쪽). 베일은 또한 흑인 여성이 필히 직업전선에 뛰어들어야 하기 때문에, 다시 말하면 그들이 수행하는 막대한 노동 때문에 비인간화되었고, 마찬가지로 비여성화되었다고 지적한다. 이러한 관념은 1960년대와 1970년대 미국의 사회문화적 상상 가운데 남성의 영역으로만 여겨졌던 "공공의 장소"로서 작용하고 성립된 현실과 결탁했기 때문에 베일은 흑인 여성이 남성을 거세하는 여족장(emasculating matriarchs)으로서 악마처럼 묘사되는 방식을 강력하게 비판한다.

베일은 남성을 거세하고 비여성적인 흑인 여성성에 대한 공격에 대응하며 인종주의와 경제적 어려움 가운데 고통받고 몰락한 흑인 여성의 역사적 기록을 환기시킨다. 흑인 남성이 인종주의적 억압의 무게를 견디어야 했다는 사실은 부정할 수 없지만, 마찬가지로 흑인 여성의 경우 또한 인정할 필요가 있다. 베일이 볼 때 흑인 해방운동 참여자에 의한 주류 문화적 역할들은 "반혁명적 입장"에서만 추정됐다(93쪽). "혁명투쟁을 하기 위해 우리는 유능한 선생과 의사, 간호사, 전기 기술자 등등이 필요하다. 집안에 들어앉아 아이들의 잠자리에서 동화나 읽는 흑인 여성들은 여기에 맞지 않는다"(93-94쪽). 자녀 교육이나 어머니로서의 의무를 과소평가하지 않으면서 베일은 분명하게 블랙 파워(Black Power)와 흑인 시민운동에서 여성들이 가정한 역할들의 "범주"가 다채로워야 한다고 주장한다.

신세계에 관한 이중 위험의 결론부분 역시 인종주의와 자본주의적 착취의 종말과 더불어 사회적 관계를 지배하는 제도와 법의 급진적인 변형을 요청한다. 베일은 흑인 공동체와 흑인 여성들이 이름하여 성취해야 할 신세계, 즉 진보적인 제도와 공동체 건설을 통해 억압을 제거하는 방향으로 나아가야만 할 그 세계를 구체화할 수 있는 사항들을 제시한다.

베일은 신세계가 새롭고 평등한 사회를 대변해야

한다고 주장한다. 그리고 가장 대지의 저주받은 가난한 노동자 계급의 흑인 여성들과 그들의 새로운 신분이 신세계의 진보성이자 혁명투쟁의 자유로운 천성이 가늠될 수 있는 진정한 척도를 상징해야 한다. 사회 저변부터 변화를 가져온, 즉 식민세계의 구조에서 탈식민주의 사업의 성공을 바로 가늠하는 일과 관련하여 『대지의 저주받은 자들』에 나온 파농의 현명한 조언들을 기억하면서 베일은 "새로운 체계의 가치는 하급인들과 계층조직(the totem pole)의 상태에 따라 결정될 것이다"라고 회고한다(99쪽).

파농이 시작부터 식민세계에서 마니교도적 속성(the Manichean nature, 이원론^{역주})이 전환되고 있음을, 식민지인과 식민통치자 사이의 변증법적인 관계가 역전되고 있음을 언급하는 반면, 베일은 부분적이고 불완전한 혁명이라기보다 전체적인 혁명으로서 급진적으로 진행된 신세계에서 젠더 변화까지 더 나아가기 위해 파농의 눈에 띄는 점들을 끌어들인다. 가난한 노동자 계급의 유색인 여성들은 더 이상 평가절하되지 않고 제대로 평가받기 시작한다. 진보적이고 활동적인 흑인 여성들은 성관계를 급진적으로 몰아가고 인종주의-자본주의의 착취를 제거하지 않을 수 없다. 결국 남성 헤게모니, 인종주의와 자본주의의 실재들은 사라질 것이고, "시민들은 훌륭한 인간들로서 살 수 있을 것이다"(100쪽). 혁명적인 알제리 여성들에 상응하여 흑인 여성들은 이 신세계를 현실로 끌어들이는 데 필수적인 역할을 한다.

전쟁 동안 드러난 오랜 전통의 퇴보성과 혁명에 따른 가족과 다른 관계의 변화, 그리고 퇴행적 성역할에 반하는 알제리 여성의 탈식민주의 저항에 대한 파농의 관찰을 흡수하면서 베일은 다음과 같이 추론한다.

> 어떤 노예화된 국가의 여성까지 완전히 해방되지 않는 한, 변화 자체는 혁명이라 불릴 수 없다. 만약 흑인 여성이 무장투쟁 이전의 상태로 돌아가야만 한다면, 전체 운동과 전체 국민은 식민지화된 국민을 진정으로 자유롭게 하는 문제에서 한참 퇴보하고 말 것이다. … 공동체 모든 구성원의 참여로 이뤄진 대중혁명은 참여의 결과로서 참여자들의 확실한 변화를 가져온다. … 일단 당신이 자유를 목격하였거나 자기 결정권을 경험해 봤다면 당신은 인종주의와 자본주의적 제도 아래 성립된 옛 일상들로 돌아갈 수 없을 것이다. … 이는 당신이 당신의 아내, 남편, 부모, 그리고 동료들과 관계를 맺는 방식마저 바꿔야 함을 뜻한다. … 우리 [흑인 여성들]은 나머지 국민들과 더불어 자유를 찾아야 한다(99–100쪽).

라 뤼와는 달리 베일은 알제리의 상황 설명에 관한 파농의 "영광스러운 어조"를 인용하지는 않는다. 대신, 베일은 이를 자신의 논의에 맞춰 변형하여 말한다. 그러나 라 뤼와 마찬가지로 그녀는 미국 흑인 사회 운동과 흑인 여성의 해방 가운데 "총전쟁"(a total war)에 관한 파농의 통찰력을 다시 밝히기 위해 파농의 논의를 구체적으로 설명한다(『식민주의의 쇠퇴』, 66쪽). 흑인 여성은 그들의 과거 행동을 다시 체험할 수 없다. 그들은 단순히 남성들의 **보충역**(*complements*)으로 평가받을 수 없다. 『식민주의의 쇠퇴』에서 소개되었듯이 가족 혹은 다른 관계들은 해방투쟁의 총체적인 참여에 의해 창조된 신세계의 맥락에 따라 변해야 한다.

파농이 제시했듯이 민족 (흑인) 해방과 더불어 (흑인) 여성의 해방을 확인하는 일은 시민운동과 블랙 파워 운동에서 떠오르는 급진적 흑인 페미니스트들을 위한 핵심적 이슈가 될 것이다. 파농이 기술했듯이 "혁명전쟁은 남성만의 전쟁이 아니다"(『식민주의의 쇠퇴』, 66쪽)라고 베일 또한 반복하면서 "내가 혁명가들이 성별에 의해 결정되는 것이 아님을 아는 한, … 남성과 여성 모두는 투쟁에 참여해야 한다"(100쪽)고 주장한다. 마찬가지로 우리가 "알제리 해방"에서 대략 이해했듯이 흑인 해방의 결실은 단순히 흑은 남성에게만 적용되어서는 안 된다. 흑인 운동에서 흑인 여성을 가정에서 "뜨개질하는 사람"이나 "불평하는 사람"(『식민주의의 쇠퇴』, 66쪽), "가사일을 하는 사람과 어머니들"(『이중 위험』, 100쪽)로 격하시키고, 따라서 흑인 여성이 정치적 동요의 지도자나 중추였던 이후에 이들을 정치적·사회적 삶의 주변주로 밀어버리려는 시도들은 참된 혁명적 변화의 정신이라고 볼 수 없다. 더 나아가 이런 점들은 파농에 대한 선택적이고 남성 특권적인 전유가 무엇인지, 우리의 후기 운동 시대에 미국에서 흑인 해방운동의 불완전한 성공이 무엇인지 말해준다.

혁명적인 사회변화는 모든 억압을 정화하고 제거하는 힘이다. 『대지의 저주받은 자들』과 『식민주의의 쇠퇴』의 많은 부분을 인용하여 베일은 혁명투쟁이 사회 "밑바닥에서부터" 모든 구성원의 억압을 제거하는 일이라고 단언한다. 따라서 혁명의 성공은 제약받지 않는 여성의 적극적 행동주의와 직접적인 상관이 있다. 민족의 지속적인 진보는 가부장적인 가치들을 버림으로써 가능할 수 있고, 퇴행적인 사회구조적 전통과 역할들로부터 여성들의 총제적인 해방이 이뤄질 때 반추할 수 있다(100쪽).

라 뤼의 논문에서 파농은 성차별주의의 비판점으로서 서 있었다. 더 나아가 퇴행적인 성정치학에 대한 베일의 비판에서 파농의 해방 이론은 재구성된다. 전유되고, 다시 풀어 설명되고, 결합되면서 파농은 부정할 수 없이 이들 페미니스트 해방과 관련한 논의들에 영향을 끼쳤다.

그러나 더 중요한 점은 파농 저술의 요체가 (내부의) 반흑인 인종주의, 성차별주의와 경제적 착취의 상태 없는 신세계와 신인본주의에 대한 각각 급진적 페미니즘 전망들을 위한 버팀목을 제공하고 구체화하기 위한 일종의 핵심으로서 존재한다는 사실이다.

현대 교각으로서의 벨 훅스_
급진주의, 학문적 페미니즘, 그리고 파농주의

켄터키 주의 홉킨스빌(Hopkinsville, Kentucky) 출신인 벨 훅스(본명은 네 글로리아 왓킨스, nee Gloria Watkins)는 동시대 학문적 페미니스트 전선에서 가장 유망한 목소리를 내는 이 중 하나이며, 흑인 지성인들 가운데 큰 영향력을 지닌 인물이다. 미국의 페미니즘은 "제3의 물결" 한가운데 있다. 제2의 물결 시대인 1980년대에 등장한 훅스는 제3의 물결을 향해 조수를 이끌었다. 페미니즘, 인종과 억압에 관한 12권의 저자인 훅스는 그녀의 첫 번째 저서인 『나는 여자가 아닌걸까 : 흑인 여성과 페미니즘』(*Ain't I a Woman : Black Women and Feminism*, 1984)에서 흑인 여성의 비인간화에 관한 익숙한 생각들을 새롭게 재조명한 중요한 공

헌과 함께 미국 내 흑인 여성, 인종, 성과 노예제도에 대한 신선한 분석을 내놓는다.[7]

　『나는 여자가 아닌걸까』의 출판이 논쟁을 불러일으키면서 백인 우월주의, (이성애만 옹호하는) 흑인 성차별주의, 섹슈얼리티, 동성애 혐오증과 계급 논쟁들에 관한 솔직하고 지속적인 논쟁으로 대변되는 급진주의만큼이나 그녀의 이어진 저작들의 경험적이고 비형식적인 특성 때문에 훅스는 학문적 글쓰기 세계에서 문제적 인물로 떠오른다. 물론, 훅스를 급진적인 페미니스트 가운데 자리매김한 때는 명백히 후기 운동 시대이다. 그녀가 "여성의 권력에 대해 여성이 말하는 전래의 유물"로서 언급하는 바와 더불어 그녀의 비판적 의식과 해방 이론을 조사하면 놀랍게도 우리는 폴로 프레이리(Paulo Freire)[8]와 프란츠 파농을 포함한 남성 근대 사상가들에게 돌아가지 않을

---

7 벨 훅스가 그녀의 제목을 따온 비평가 소저너 트루스(Sojourner Truth)는 처음으로 이같은 관심들을 표명했다. 훅스는 이에 따라 책 한권에 걸친 분석을 내놓는다. 그러나 역사가 넬 어빈 페인터(Nell Irvin Painter)의 『소저너 트루스』(*Sojourner Truth*)는 사실 트루스의 연설을 쓴 이는 백인 여성이라고 밝힌다.

8 **역주**　브라질 태생의 교육가, 1921-1997. 프레이리는 교육의 궁극적인 목표가 인간 행방에 있다고 믿고 이를 체계적으로 이론화하여 실천에 옮겼다. 제3세계 민중 교육학의 고전으로 널리 읽히는 『교육학』(*Pedagogy*, 1968)이 그의 대표적 저서이다.

수 없다. 혹스가 쓰듯이 "나는 종종 나의 지적인 발전의 중요한 계보를 기록하도록 요청받는다. 페미니스트 운동과 페미니스트 이론가들의 저작에 깊이 심취하기 몇 년 전에 나의 이제 막 나타나기 시작한 급진적 주체성을 살찌운 모든 진보적인 비판적 사상가들은 파농, 망미,[9] 캐브럴(Cabral),[10] 프레이리, 말콤 엑스(Malcolm X)[11]와 같이 모두 남성들이었다."[12]

비판적 의식을 위한 교육자이자 역사적으로 교육을 자기 인종의 개선을 수단으로 여긴 주변부 인종의 여성

---

9 역주_ 알베르 망미(Albert Memmi)는 1921년 터키 태생의 프랑스 유대인 작가이자 수필가이다. 그는 교육자로서 동양과 서양 간의 정치적·문화적 관계에 대해 심도 있는 고민을 펼쳤고, 프랑스 식민지 국가들의 독립을 위해 노력했다.

10 역주_ 아밀카 캐브럴(Amilcar Cabral, 1929~1973)은 기비니사우의 민족해방 운동가이자 농업 경제학자이고, 앙골라 해방 인민운동을 주도했다. 포르투갈 식민정부에 대항한 무장투쟁으로 국토의 절반 이상을 해방시켰으나 후에 암살되었다.

11 역주_ 말콤 엑스의 본명은 말콤 리틀(Malcome Little, 1925~1965). 미국의 급진적 해방 운동가이다. 운동 초기에는 이슬람교에 심취하였고 후에는 초종교나 초교파적인 아프리카계 미국 흑인 통일기구를 창설하였으나 암살당한다.

12 bells hooks, "Feminism as a persistent critique of history : What's love got to do with it?" *The Fact of Blackness : Frantz Fanon and Visual Representation*, ed. Alan Read (Seattle : Bay Press, 1996), 81. 이제부터 모든 괄호는 혹스의 여러 논문에서 인용한 것이고, 정확한 텍스트의 날짜와 정보는 참고목록에서 참고하기 바란다.

으로서 훅스는 변형적 교육학(a transformational pedagogy), 참
여 교육학(an engaged pedagogy)을 창시한 브라질 태생의 교
육자 폴로 프레이리와 특별히 밀접하다. 페미니스트 실
천과 행동주의에 대한 자신의 부족함을 비판적으로 고민
하면서 훅스는 정당하게 "자유주의적 실천으로서의 이
론"이라는 프레이리의 개념을 되새긴다. 그녀의 "페미니
즘 이론화에 대한 접근성을 통해 그녀는 페미니즘적 사
고와 실천을 일상 생활과 결합하고, 성차별적인 집안에
서 생활하는 여성들이 페미니즘적 변화를 일으키려는 노
력을 할 수 있도록 돕기"를 갈망한다(1994a : 70).

　　흑인이고 페미니스트이자 해방 이론가로서 벨 훅스
는 탈식민화, 인종주의와 인종주의적 표상들에 대한 현
상학들, 식민지인과 식민통치자 사이의 변증법적 관계와
흑인 해방에 관한 자신의 페미니즘적 해석에서 억압에 관
한 세계적 이론가 프란츠 파농의 정신을 그대로 반영한
다. 인종과 표상들에 관한 그녀의 논문, 특히 「타자를 잡
아먹기 : 욕망과 저항」(Eating the Other : Desire and Resistance,
1992 : 21–39)과 「비판적인 의문 : 인종 말하기, 인종주의에
저항하기」(Critical Interrogation : Talking Race, Resisting Racism,
1990 : 51–55)는 파농이 "백인의 인공물로서 흑인 영혼"(the
black soul as a white artifact, 『검은 피부, 하얀 가면』, 14쪽)에 대해

염두한 바를 구체화한다. 그녀의 「정치적 저항으로서 흑인성 사랑하기」(Loving Blackness as Political Resistance, 1992 : 9-19)와 「우리 자신을 검고 깊게 꿈꾸며 : 흑인의 아름다움」(Dreaming Ourselves Dark and Deep : Black Beauty, 1993 : 79-90)은 특히 흑인이 열등감을 피부로 인식하고 내면화한다는 파농의 논의를 비중 있게 다룬다(『검은 피부, 하얀 가면』, 11쪽). 실제로 『나는 여자가 아닌걸까』(1981), 『흙보기 : 페미니즘을 생각하며, 흑인을 생각하며』(Talking Back : Thinking Feminism, Thinking Black, 1989), 『고구마를 먹던 자매들 : 흑인 여성들과 자기 발견』(Sisters of the Yam : Black Women and Self-Recovery, 1993)과 『내 마음의 예술』(Art on My Mind, 1995)과 같은 예외들이 있지만, 프란츠 파농의 저서들(『검은 피부, 하얀 가면』, 『대지의 저주받은 자들』, 『아프리카 혁명을 향해』)은 코넬 웨스트(Cornel West)와 함께 한 "녹음책"(talking book)인 『빵을 부스러뜨리며 : 반역적인 흑인 지식인의 인생』(Breaking Bread : Insurgent Black Intellectual Life, 1991)을 포함하여 훅스의 논문집 7권의 참고문헌에 매번 등장한다.

그러나 파농과 프레이리의 헤게모니적 퇴출에 대한 훅스의 반박은 그녀의 페미니즘적 관심을 고려할 때 다소 이해하기 힘든 부분이다. 이 점들이 바로 우리가 이제부터 논의할 부분이다.

"파농과 작업하기 : 현대 정치학과 문화적 회고"
(Working with Fanon : Contemporary Politics and Cultural Reflec-
tion)라는 제목 하에 열린 파농에 관한 런던 학회에서 혹
스는 페미니스트 패널로 초대되었다. 그녀는 『흑인성의
진실 : 프란츠 파농과 가시적 표상』(The Fact of Blackness : Fra-
ntz Fanon and Visual Representation)에 실린 자신의 논문 「역사
의 끈질긴 비판으로서의 페미니즘 : 사랑은 무엇을 해야
하는가」(Feminism as a persistent critique of history : What's love got
to do with it?)에서 위 학회의 "후유증"(aftereffect)으로 자신
의 참가경험을 설명한다.

> 사회자는 우리가 파농의 성차별주의를 캐묻는 데 집중할 것
> 이라고 예상하여 우리가 파농에 대한 엄정한 작업에 들어갈 뿐만
> 아니라 또한 그를 때려눕히게 될 것이라고 설명하며 토론을 열었다.
> 이 은유는 즉시 세 여성 토론자를 파농과 적대적이고 상징적으로 폭
> 력적인 관계로 몰아넣었다. … 나는 파농을 "때려눕히는" 데 전혀
> 관심이 없다고 말하면서 시작하고 싶었다(79쪽).

사실, 페미니스트들의 저항 정치학의 혐오 대상이자 근
본적으로 여성 혐오주의자로서 파농을 힘차게 몰아세우
는 일은 "그를 때려눕히"는 만족스러운 임무에서 구체화
된다. 이같이 파농을 "때려눕히"는 상황의 기본적인 전조

는 마요뜨 까페시아에 대한 논의를 통해 이미 나타났다. 페미니스트로서 같은 패널에 참여한 롤라 영(Lola Young)이 이 작업을 위해 명백히 세워졌는데, 후에 문학전집에도 나타나듯 그녀의 담화는 이 연구에 관한 다른 페미니스트들의 해석과 마찬가지로 지적인 면에서 부족함이 많다. 영의 연구가 까페시아의 저작들과의 친밀성이 부족하고, 이 저작들이 자기 정체성을 찾는 여성들의 퇴보적인 정치성을 적용하는 데 나타나듯 반인종주의와 반여성적 성차별주의에 관한 분석이 빠졌다.

성차별주의와 여성 혐오증은 페미니스트 문학 비평가와 문화 연구가들이 파농의 텍스트에 들어갈 수 있는 결정적인 통로가 되었다. 이에 반대하는 입장에서 훅스는 "일반적으로 여성 패널들이 남성 학자에 대한 페미니즘적 접근을 논할 때, 전제는 오직 그의 성차별주의만을 캐묻는 데 집중되어 있다"라고 일침을 놓는다(78쪽). 그렇다고 훅스가 파농의 한계를 인식하지 못하는 것은 아니다. 더구나 파농의 가부장적인 인식론에 관한 훅스의 결론에 문제가 없는 것도 아니다. 다만 페미니스트 사상가로서 그녀는 그의 저작들이 그녀의 페미니즘적 이론화를 실천하는 데 중요한 공헌을 할 수 있음을 보여준다. "저항하는 독자가 되는 연습을 통해 나는 탈식민지화와 나의 해방을 위해 건설적으로 이용할 수 있던 패러다임에 관한 파농의 이론들에 귀를 기울일 수 있었다"(81쪽).『갈망하며 : 인종, 젠더, 그리고 문화정치학』(*Yearning : Race, Gender, and Cultural Politics*)에서 훅스는 (백인) 페미니스트들이 스스로의 자유주의적 취지에도 불구하고 흑인 남성 학자들과 작가들을 유별나게 신랄히 비난하는 행태에 대해 다음과 같이 대응한다.

> 백인 남성 작가들이 이같은 비난을 듣는 일은 거의 없다. 문학 연구 가운데 인종주의는 자주 이같은 반응으로 나타난다. 자신들의 도서목록에서 초서(Chuacer), 셰익스피어(Shakespreare)나 조이스(Joyce)를 배제한다고 상상조차 할 수 없는(이들 작가들의 작품이 성차별주의와 인종주의를 반영한다 할지라도) 백인 여성들은 쉽게 이같은 기준을 흑인 남성의 저작에 대한 자신들의 무지를 변호하기 위해 사용한다. … 학자 세계에서 비평 이론이나 탈식민주의 담론의 여성들 가운데 유행은 "중요"하다고 여겨지는 저작을 쓴 백인 남성 사상가들[예를 들자면, 데리다(Derrida), 푸코(Foucault), 제임슨(Jameson), 사이드(Said)]의 성차별주의나 인종주의를 최대한 많이 간과하는 것이다(1990 : 66).

성차별주의는 피부색과는 상관없이 모든 여성들을 위한 이슈가 되어야 한다. 흑인 남성의 저작들에 나타난 성차별주의에 대한 비판은 물론 필요하다. 그리고 페미니스

트들은 파농과 같은 혁명 사상가의 전망의 협소함을 탐
구하고, 확장하고, 그리고 깊이 관여해야 한다. 그러나 위
와 같은 경향은 특히 파농의 경우처럼 페미니즘에 대한
그의 타당성을 저버렸고, 그의 사상을 "성차별주의적"이
자 남성 우월적 · 남근 중심적일 뿐만 아니라, 사실상 더
정확한 말로 여성 혐오자라고 비난했다.

　　페미니스트들의 결실에 반하여 나가는 혹스의 의지,
즉 전체화된 페미니즘의 패러다임에 의해 조종된 페미니
스트 해방의 전망을 거부한 의지는 여성 해방에 관한 비
판적 의식과 이론화를 위한 그녀의 페미니즘적 교육학에
서 파농의 저작들을 지속적으로 논의함으로써 나타난다.

　　「역사의 끈질긴 비판으로서의 페미니즘 : 사랑은 무
엇을 해야 하는가」는 파농을 향한, 혹은 멀어졌다가 다시
돌아간 혹스의 지적인 여정을 자전적으로 되새긴다. 이
에세이에서 그녀는 파농의 "자유에 대한 개념과 동시대
해방투쟁과의 관계"에 매진하고, 그의 『대지의 저주받은
자들』에 나타난 신인본주의를 여성/흑인 어머니의 육체
를 필연적으로 추방하는 "동질의 사회"(homosocial)의 반대
개념이자 "동질의 사랑"(homophilic) 혹은 "같음을 사랑"
(love of the same)하는 개념으로 제공한다(79, 83쪽). 모계사
회를 두려워하는 파농에 관한 전기적 초상화를 어느 정

도 알면서 훅스는 급진적이고 상당히 정신분석학적인 입장에서 파농의 급진적 인본주의에 나타난 남성 우월적 패러다임을 설명하려 한다. 정신 또는 일종의 형제애단과 같은 남성 지식인 연대들은 혁명과 신인본주의를 위한 파농이 내린 처방의 최종 목표가 되었던 것이다.

훅스는 사랑에 대한 파농의 확신과 『검은 피부, 하얀 가면』에서 사랑의 불완전성을 탐구하려 노력한 바를 가지고 파농에 대한 질의의 뼈대를 잡는다. 파농에게 진술을 돌리면서 훅스는 사랑의 가능성에 관한 파농 자신의 불완전성을 탐구한다. "육체와 피부색" 없이 마음을 통한 개화된 만남이 일어나는 초월적인 공간을 마련하려는 시도에서 파농은 흑인 여성의 육체가 궁극적으로 보여주는 성적이고 급진적인 육체적 관계에 놓인 육체성 자체를 정화시키고자 노력한다(83쪽). 결과적으로 파농은 그가 보여주는 (흑인) 여성을 그의 인본주의에서 배제하고 말았다. 훅스의 말에 따르면 파농의 여성은 "성적으로 왜곡된 육체, 언제나 '사고'(思考)할 수 없는 육체, 그러니 자유를 절대 갈구하지 않는 육체로 나타난다"(84쪽).

그러나 파농이 표면상 투쟁과 자유 해방에 참여한 여성을 고려한 곳은 흑인 아프리카가 아니라 오직 『대지의 저주받은 자들』의 알제리일 뿐이다. 투쟁의 장은 언제나 남성적이고, 남성 간에 일어났다. 따라서 인본주의적 연대는 형제에게 국한된다(84쪽). 이 점에서 훅스는 파농이 "전반적으로 여성과 남성이, 그리고 특히 흑인 여성과 남성이 함께 대화를 나누는 세계를 창조하자고 요구하는 혁명의 진보적인 변증법의 합병"을 향해 나아가지 않는다고 결론짓는다(85쪽). 훅스는 파농의 여성 혐오적 취향이 아니라, 『흑인성의 진실』의 대화장 안에서 예증하듯 "파농과의 작업" 학회 전체에 널리 알려진 전기적 이야기 서술(biographical narrative)을 추적한다. 훅스에 따르면, 아동기의 심적 상처(trauma) 때문에 파농은 자신의 텍스트에서 부재를 통해 비중 있게 존재(weighty presence-through-absence)하는 부정적인 흑인 여성과 이를 구현하는 어머니를 둘러싸고 어머니의 육체, 흑인 여성의 육체를 억누르고 억압한다.

이 내러티브가 훅스의 분석에서 되풀이되지만 파농의 정치철학에 지나치게 전기적 요소를 투사하는 데는 잠재적인 위험이 따른다. 예를 들어, 어떻게 훅스와 그 동료는 그들의 어머니 공포증적인 내러티브(matriphobic narratives)와 파농이 보여주는 그의 어머니를 향한 "깊은 사랑"과 화해할 것인가? 어머니에 대한 파농의 애정은 그의 개인적인 편지와 그의 논문("Troubles mentaux et syndromes psychiatriques dans Hérédo-Dégénération-Spino-Cérébelleuse")이 어머니에게 헌정됐다는 사실에서 찾을 수 있다. 정치철학에 비판적으로 끼어넣기 위한 전기적 사실은 파농이 비통한 자전적 형태를 따르거나 마찬가지로 고통스런 경험상의 정신치료 관찰이나 정신분석적 관심들을 어떤 특정한 이데올로기적 경향에 맞든지 상관없이 제공할 때 결론으로 성급히 나아갈 위험이 있다. 이같이 전기적 사실을 이용하는 일은 혁명이 주체와 개인에게서 시작한다는 파농의 타협하지 않는 확신에서 빗나간다. 파농을 탈신비화하려는 시도에서 그는 탈급진적으로 그려질 수 있다. 혹스와 다른 이들의 묘사에 따르면, 파농은 그의 어머니의 가장 어두운 자식이라는 사실에서 일어난 분노를 깊이 억누르고[파농의 전기 작가 이랑 강드지에 (Irene Gendzier)의 본문에 따르면], 자연적으로 그의 어머니를 증오한다고 결론지을 수도 있다.[13] 가령, 파농의 어머니는 "나에게 깜둥이에 대해서는 단 한마디도 없는 프랑스 사랑 노래를 불러주었다. 내가 반항할 때마다, 내가 너무 심한 소음을 만들 때마다 나는 '깜둥이 같은 짓좀 그만해' 라는 말을

---

13 Fanon, *Black Skin, White Masks*, 191.

들었"기 때문이다(자의적인 자전적/경험적인 이야기의 청원).
따라서 이같은 억압/진압은 끈질기게(가부장적) 글을 쓰
는 순간에 표면 위로 떠오른다. 결국, 이처럼 누군가는 파
농을 병리학의 정신분석학적 담론에 가두기도 한다.

혹스가 파농의 저작과 정신상태를 해독할 때의 단
점들에도 불구하고 그녀는 페미니스트로서의 파농에게
돌아온다. 파농이 모성애적이고 여성적인 것들을 억압한
부분에서 혹스는 페미니즘을 통해 아버지(파농)와 어머니
(여성 지식인 활동가들) 모두를 발견한다. 혹스는 "다른 어
떤 사상가보다 그는 나에게 내 작업을 형성한 반역적인
흑인 지식인 인생의 모범을 보여주었다. … 나는 파농에
대한 나의 이해를 변형시킴으로써 페미니즘적 사고를 발
견했다"고 결론내린다(85쪽). 여성 해방 이론들과 파농의
해방 이론들의 피상적 이분법을 거부하면서 급진적 흑인
페미니스트로서 혹스는 지배, 식민주의와 해방의 이슈에
관한 파농의 남성우월적 텍스트들 가운데 자리를 마련하
고, 파농이 성정치학과 대면하여 그의 급진주의에서 겉보
기에 머뭇거렸던 순간들을 당연히 비판하면서도 파농을
(흑인) 페미니스트 저항 정치학과 결합시킨다.

급진적 흑인 페미니스트 라 뤼와 베일이 성차별주
의, 자본주의, 식민주의에 대한 그들의 비판에서 파농의

혁명철학을 전유함으로써 보여주듯이 파농은 평등과 자유를 위한 대중 저항과 사회운동의 시대에 매우 적합하다. 훅스가 보여준 파농과의 지적인 여정과 그녀의 페미니즘적 이론작업에 파농의 사상을 결합시킨 점은 더 나아가 개인적이고 주체적인 급진적인 힘으로 그의 영향력을 말하고, 후기 시민운동 시대의 흑인과 여성 해방 투쟁에서 그의 계속되는 영향력을 증명한다. 이는 미국 학계의 엘리트적 고립[14]을 넘어 대중적 페미니스트 주류와 유색인종 공동체로 확대된 훅스의 급진적인 페미니스트 목소리 통해 파농은 재해석되고 대중화되었다.

비판적인 페미니스트 해방 이론은 감정적인 독해, "적대적인" 비난, 그리고 "폭력적인" 대항보다는 비판적인 페미니스트들의 관심과 질의를 요구한다. 인종주의의 지배와 성적 억압에 저항하기 위한 초시간적인 분석을 담고 있는 파농 사상의 요체는 페미니스트 해방 정치학에 완전히 부적절한가? 그리고 마르크시스트 인본주의자 래야 더나예브스카야가 설득력 있게 마르크스의 관점에서 페미니즘을 요청하듯이, 필자가 볼 때 이같은 요구는 파

---

14 여기서 미국 학계는 엄격하게 미국 내 고등교육기관을 일컫는 한에 사용된다.

농에게도 적절하게 적용될 수 있다.[15]

> 지금 이때야말로 여성 해방의 질문을 "남성"을 들추어내는 작업에 제한하지 않아야 한다. 그렇지 않다면 실질적으로 "남성으로 한정한" 변명으로 해방에 관한 마르크스 사상의 방관자 이상이 될 수 없는 여성 해방 운동이 필요로 하는 철학이 매우 긴급하게 작동해야 할 때가 아닌가? … 착취적인 옛 것을 근절하고 새로움을 향한 기반을 만들기 위한 위대한 철학들이 "남성"에 의해 고안됐기 때문에 오늘날 여성 해방론자로서 우리는 전체 철학 없이 존재할 여유가 있는가?[16]

페미니즘은 남성중심적인 역사주의와 이론들에 대한 교정책이 되어야 한다. 성차별주의, 가부장적 영역들과 여성 혐오주의가 존재하는 곳을 규정하는 일은 페미니즘의 목표 가운데 하나이다. 그러나 이에서 더 나아가 진보적인 흑인 페미니즘의 이론과 실천은 명백하게 여성 해방이 계급, 인종, 성적 관심과 젠더에 개의치 않는 전 인류의 자

---

15 다음의 자료를 참고할 것. Dunayevskaya's discussion of Fanon in *Philosophy and Revolution : From Hegel to Sartre, and From Marx to Mao*(New York : Columbia University Press, 1989).
16 Raya Dunayevskaya, *Women's Liberation and the Dialectics of Revolutions* (Detroit : Wayne State University Press, 1996), 82.

유를 향한 확고한 시선을 가지고 페미니즘 목표의 선봉에
남아 있어야 한다.

결론

| 덫, 학계의 포스트모던 페미니스트 의식,
그리고 미국 사회의 위기들

내가 "덫"(Pitfalls)이라는 단어를 페미니스트 의식과 결합한 점은 다소 이상하게 들릴 수 있다. 결국, 어떻게 정당하고 이미 권한을 부여받은 담론이 덫에 걸려들 수 있는가? 말하자면, 여성들이 "자유롭고 완전한 사회적 존재로서 존재할 여성들의 권리"를 인식함으로써 스스로 주체가 되어 역사를 만들어 가는 가운데 일어날 수 있는 위험들은 무엇인가? 나는 이 말을 『대지의 저주받은 자들』 중 「덫」이나 「민족의식의 불행」(Misadventures of National Consciousness)에서 후진국들을 위한 프란츠 파농의 주의 깊은 조언들에서 빌려왔다. 파농에게 있어서 일단 연기가 가시고 먼지가 가라앉으면, 그리고 식민지인들이 식민주의의 부당함을 따지고 식민지배를

229

명확하게 "아니오"라고 밝혀 민족 해방투쟁을 불러일으
킨다면, 새 민족국가는 새롭고 평등한 관계를 열정적으
로 창조해야 한다. 그러나 이 임무가 국가의 중산층인 부
르주아에게 맡겨졌다면 국가의 덫은 근본적으로 "모든
이의 가장 요원한 희망과 변화에 따른 즉각적이고 명백한
결과를 포용"하지 못하는 결과로 나타난다(『대지의 저주받
은 자들』, 148쪽).

　　　페미니즘의 관점에서 위의 도발적인 논문을 환기한
다고 해서 민족으로서의 여성에 대한 구태의연한 개념으
로 돌아가는 것을 뜻하지는 않는다. 다만, 여성의 해방은
더 이상 개념이 아니라 완전히 발전된 계획이어야 한다.
그러나 한편으로, 파농이 민족해방(민족의식)으로부터 사
회적으로 민주적인 (내부) 민족주의로의 민족운동을 묘사
한 "비극적 불행들"(tragic mishaps)과 다른 한편으로, 1970
년대 여성학 과정과 교수 내용들을 위한 요구(페미니스트
의식)로 나온 페미니트 여성 학자들의 움직임 사이에는
부정할 수 없는 평행선이 있다. 진보적 페미니스트 벨 훅
스가 『페미니스트 이론 : 주변부에서 중심으로』에서 말하
는 바를 보자.

　　　　성차별적인 억압을 종식하기 위한 투쟁. 따라서 스스로 성장

한 사람들이 제국주의, 경제적 확대와 물질적 욕망들을 지배할 우위

권을 확보하기 위해 재정비된 사회로 나가려는 노력과 더불어, 서구

문화의 다양한 층위에 파고든 지배자의 이데올로기를 근절하려는

투쟁은 반드시 필요하다.[1]

다음으로, 나는 페미니즘의 제3물결의 출발과 비판

의 지점으로서 파농이 논문에서 사용한 위의 "불행들"과

"덫"에 대한 간단한 탐구를 제시하고자 한다. 여기서 페

미니즘의 제3물결이란 구체적으로 페미니스트 문학 비

평과 문화 연구의 정신 나간(ludic)[2] 형식을, 더 나아가 포스

트모던 시대의 학계 페미니즘을 일컫는다. 이같은 학계

페미니스트 원칙들에 주목한 이유는 문학과 문화 연구의

영역에 기본적인 이해관계 때문이다.[3]

---

1 bells hooks, *Feminist Theory : From Margin to Center*(Boston : South End Press, 1984), 24.
2 Teresa Ebert, *Ludic Feminism and After : Postmodernism, Desire, and Labor in Late Capitalism*(Ann Arbor : University of Michigan Press, 1996). 에버트(Ebert)에 따르면, 정신 나간 페미니즘(*ludic Feminism*)이란 말장난, 차이와 담론의 우선순위에 대한 후기 구조주의적 추정을 바탕으로 하며, 따라서 급진적인 사회변혁을 위한 대변적 정치학을 대신한다(3).
3 정신 나간 페미니즘은 또한 법의 원칙(Drucilla Cornell)들과 철학(Judith Butler)에서 발견된다. 앞의 책을 다시 참고할 것. 영향력 있는 미국 포스트모던 문화 연구 페미니스트들의 다음 자료들도 참고할 것.

우리는 모두 모더니즘에 뒤이어 스스로를 차별화한 포스트모던 시대에 산다. 그러나 우리는 이같은 반명제 (antithesis)의 이론과 함께 "포스트모던 상태"(postmodern condition)⁴가 태동한 듯이 보이는 세계관에 반드시 수긍할 필요는 없다. 재치 있게 말하자면, 포스트모더니즘은 18세기에 일어난 계몽운동에 의해 확산된 지배적 서술구조를 파괴하고, 에드워드 사이드(Edward Said)의 말을 빌리자면 "지역상황과 언어 게임만을 위해 진실과 자유의 우주적 가치"를 버린다.⁵ 그리고 포스트모던 상태는 더 큰 미국 사회구조 안에서 개인주의에 대한 숭배와 압도적으로 부르주아적 이데올로기를 추구하는 데 변화를 가져오지 못했다. 또한 사회학자 윌리엄 줄리어스 윌슨(William Julius Wilson)이 말하듯이 포스트모더니즘은 특히 미국 흑인

Naomi Wolf, *Beauty Myth, Fire with Fire* ; Rebecca Walker, *To Be Real* ; Camille Paglia, *Sexual Personae*(이 책은 다소 엉뚱하지만 분명하게 포스트모던적 증후를 보여준다) ; Luce Irigarary, *Speculum de l'autre femme* 와 *Ce sexe qui n'en est pas un* ; Amina Mama, *Beyond the Mask* ; Diana Fuss, *Essentially Speaking* ; Jane Gallop, *Thinking Through the Body*.

4 다음 출처에서 빌려온 표현이다. Jean−Francois Lyotard, *The Postmodern Condition : A Report on Knowledge*(Minneapolis : University of Minnesota Press, 1984).

5 Edward Said, *Representations of the Intellectual : The 1993 Reith Lectures* (New York : Vintage, 1996), 18.

들의 수가 훨씬 적은 도시 거주자들에게 영향을 미쳐 "작
업의 소멸"(the disappearance of work)을 알리는 매우 문제 있
는 시대를 의미한다.[6]

　　포스트모던적 학계의 페미니즘들은 전체적으로 그
들이 가난한 노동자 계급의 여성들 가운데, 심지어 미국
역사상 가장 퇴보적이고 억압적인 몇몇 공공 정책의 한
가운데서도 자유주의적인 계획을 대중화하고, 결국 이 여
성들을 조직화할 수 없다는 데서 그 특징을 발견할 수 있
다. 예를 들어, 이들 정책들은 가난의 여성화, 첫 번째 여
성 갱단, 감옥의 사유화를 초래했다. 또한 텍사스 주의 **홉
우드**(*Hopwood*)[7]와 캘리포니아 주의 발의안 209조[8]에 구체

---

6 William Julius Wilson, *When Work Disappears : The World of the New Ur-
ban Poor*(New York : Knopf, 1996).

7 역주_ 1992년 텍사스 주립대 법학 대학원의 입학허가를 받지 못한 체
릴 홉우드(Cheryl Hopwood)는 자신의 능력과 조건이 다른 소수 인종
학생들보다 더 우수함에도 불구하고 대학의 소수 인종 우대정책으로
불이익을 당했다며 대학을 상대로 소송을 걸었다. 법원은 대학이 인
종을 학생을 선발하는 결정적 요소로 다루는 것은 역차별이라며 홉우
드의 편을 들었지만 후에 많은 논쟁을 불러일으켰다.

8 역주_ 1996년 캘리포니아 선거인단은 학교 교육이 인종, 성, 민족성에
차별을 두어서는 안 된다며 대학 입학의 경우 소수 인종 우대정책을
무효화한다. 정책 옹호자들의 우려와는 달리 흑인 학생들의 졸업 비율
은 정책 폐지 이후에 오히려 상승하였다. 예를 들어, 버클리 캠퍼스의
경우 졸업율은 6.5%, 샌디에고 캠퍼스의 경우 26%나 증가했다. 그러
나 흑인과 히스패닉과 학생의 입학 비율은 정책 폐지 전과 비교하여

적으로 명시됐듯, 이들 정책은 가난한 여성들과 아이들을 연달아 내쫓는 복지 정책과 소수 인종 우대 정책 하에 유색 인종과 여성들의 교육적 결실을 통째로 공격하는 결과를 가져왔다.

물론 모든 이데올로기상으로 나뉜 페미니즘의 분파들을 비판하는 것은 진부한 일이다. 수잔 팰러디(Susan Faludi)가 증명하듯, 사실 페미니즘들은 모든 입장으로부터 공격을 받고 있다. 제104회와 105회 국회의 정치적 요체에 집중된 신보수주의적 남성 우파로부터 진보적이거나 급진적인 페미니즘을 가족 가치의 붕괴와 백인 중산층 여성의 높은 낙태율, "이혼 문화"(divorce culture)의 양태를 빌미로 비난하는 필리스 슐라플리(Phyllis Schlafly)[9]로 상징되는 초보수적 여성 우파까지 다양한 목소리를 내는 입장들이 있다. 또한 페미니즘에 대한 비판은 복지개혁에 대한 클린턴 정부의 정치적으로 우파적인 정책, 조이슬린 엘더스(Joycelyn Elders)의 파면과 라니 귀니에(Lani Guinier)의

현저히 떨어졌다.

9 역주_ 현대 미국의 대표적인 보수주의 여성 운동가이자 페미니즘과 평등권 개정법에 반대자. 슐라플리는 1950년대부터 정치계에 입문하고자 했으나 실패했고, 1964년에 출판한 『메아리가 아닌 선택』(*A Choice, Not an Echo*)을 통해 유명해졌다.

대중적 조롱 등에서 발견된다.[10] 따라서 이같은 공격들 가운데, 또한 특히 페미니스트 학계와 대중들의 총체적 노력을 수반하는 예측 가능한 운동이 있어야 하지만 그렇지 못한 현재 역사적 시점의 사회정치적이고 경제적인 억압 가운데 페미니스트 학계가 자기 비판적이어야 한다는 사실은 항상 절박하다.

소저너 트루스가 "편협한 마음 자세"라고 일컬은 말은 곧 프란츠 파농이 "덫"이라고 특성지은 것과 상통한다. 서로 다른 시대와 다른 역사적 순간에서 이 두 비평가는 자유 해방의 과정은 전체적으로 계속 진행되어야 함을 인식했다. 파농이 「민족의식의 덫」(Pitfalls of National Consciousness)에서 묘사한 발전이 정체된 후진국과 마찬가지로, 포스트모던 학계의 페미니즘들이 보여주는 오늘 날 덫들은 반드시 그들이 학계 안팎에 있는 여성들의 희망, 필요와 관심들을 연결, 발표하고 대변할 수 없는 지속적인 무

---

10 가족 가치, 문화적 두려움과 페미니즘에 관한 더 자세한 논의는 다음의 자료를 참고할 것. Judith Stacey, *Name of the Family : Rethinking Family Values in the Postmodern Age*(Boston : Beacon Press, 1996). 복지에 관한 논의는 다음의 자료를 참고할 것. Catherine Pélissier Kingfisher, *Women in the American Welfare Trap*(Philadelphia : University of Pennsylvania Press, 1996).

능력에 있다. 이같은 무능력 때문에 학계의 페미니즘은 "민주주의를 창조하고 보장하는, 그래서 [페미니스트들이] 변증법적으로 변형적인 행동으로 도약할 수 있는 머리부터 발끝까지 움직"이는 사회·경제·정치적 변화의 중요성을 이 시점에서 보여주지 못한다(『대지의 저주받은 자들』, 179, 198쪽).

여성의 "대중과 실제적인 연결 고리의 부족"에 의해 병든 채(『대지의 저주받은 자들』, 148쪽) "지도적인 페미니스트 학자들"의 작업은 흑인 페미니스트 글로리아 조셉(Gloria Joseph)이 말하듯이 "전형적으로 노동자 계급과 흑인 여성들을 그들의 엘리트적 사조직으로부터 배제하였다."[11] 심지어 이같은 "엘리트적 사조직" 내에서 생산된 이들 연구가 위의 다른 경험들을 포용하는 데까지 확장되더라도 표명된 분석과 요구들은 일반적으로 페미니즘의 정치적 행동주의와 풀뿌리 조직과 상관없는 입장들로부터 나오기 쉽다.

학계 페미니스트 문학 비평가인 엘레인 맑스(Elaine

---

[11] 다음의 자료에서 재인용했음. Olga Domanski, Preface, Dunayevskaya, *Women's Liberation and the Dialectics of Revolution*(Detroit : Wayne State University Press, 1996), xi.

Marks)가 미학적 입장을 넘어선 정치성을 강조하고 페미
니스트 담론들을 조직(감시?)하려는 시도에서 자신도 인
정하는 "페미니스트 도그마들, 순수함, 경건함" 또는 "페
미니스트 근본주의"가 의미하는 바의 올가미에 나는 걸
려들고 싶지 않다.[12] 맑스는 다음과 같이 밝힌다.

> 아마도, … 나는 … 미국 페미니즘을 받쳐주는 근본적인 추
> 측들 중의 하나에 … 관한 내 마음을 바꿨다 … 사회변화에 대한 믿
> 음 … 그것은 더 이단적이고 상상적인, 그리고 시(詩) 존재적(poeti-
> cal-ontological)인 페미니스트의 질문으로 근본주의적인, 문자상의,
> 그리고 정치적인 페미니즘을 대체하려는 나의 숨겨진 계획의 한 부
> 분일 듯하다. … 나는 또한 엘리트적이고 정치에 무관심한 몇몇 미
> 국의 페미니스트들이 전개한 수사적인, 정신분석학적이고 탈구조주
> 의적 이론들을 고발하는 일이 시 존재를 넘어선 정치적 지배에 어
> 떻게 공헌했지를 보여줄 것이다.[13]

"전체주의의 색채를 띠는" 정치적 페미니스트 내러티브
와 이론들에 반대하는 입장에서 맑스는 피상적인 이분법

---

12 Elaine Marks, "The Poetical and the Political : The 'Feminist' Inquiry in
 French Studies," *Feminisms in the Academy*, ed. Domna Stanton and Abi-
 gail Stewart(Ann Arbor : University of Michigan Press, 1995), 274.
13 Marks, "The Poetical and the Political," 274-76.

을 세워 페미니즘이 사회적으로 변형되는 기원을 갖고 있음을 간과한다. 학계의 페미니스트 문학 비평가들은 시 존재적 실천에 몰두하면서 동시에 페미니즘의 존재 이유 를 반영하는 정치적인 노력들을 겸비할 수 있다. 이론과 실재 사이의 간극이 반드시 메워져야 하는 것처럼 정치성 에 앞서는 반동적 유미주의, 존재론과 시학의 우선권은 포 스트모던 페미니스트 범주에서 도전과 저항을 받아야 한 다. 만약 페미니즘이 자신의 자유주의적 역할을 수행한다 면, **자기 만의 방**(*a room of their own*)으로 피신하여 말 장난과 언어 유희 가운데 자기 정신 과정의 삶 속으로 잠수해 버 린 방관자는 있을 수 없다(『대지의 저주받은 자들』, 199쪽).

많은 학계의 포스트모던 페미니스트들이 쉽게 지성 의 배지를 주장하는 반면, 위의 이분법에 빠졌거나, 미학 의 사회적 책임을 피한다. 따라서 대학 상아탑에 있는 사 진들의 엘리트적 사조직으로 후퇴한 이들 지도자적 페미 니스트 학자들은 파농의 토착적이거나 깊이 관여하는 지 성, 그람시(Gramsci)의 "유기적 지성"(organics intellectual), 사 이드의 "아마추어적 지성", 혹은 우리의 페미니즘 맥락과 페미니스트 지성을 위한 더 적절한 무엇과도 보조를 맞 추지 못한다. 그들은 차라리 페미니스트 전문가 기질만을 갖추었다고 말할 수 있을 듯하다.[14] 현대 언어협회(Modern

Language Association)의 전 출판 편집자였던 돔나 스탠턴 (Domna Stanton)과 애비게일 스튜어트(Abigail Stewart)가 『학계의 페미니즘들』(Feminisms in the Academy)의 서문에서 적듯이 "학계의 정통성"을 위한 투쟁은 "이론과 실재를 '연구 행위'(action research)로 섞어버리면서 페미니스트 연구와 '공동체' 사이의 재연결이나 연결 고리를 강조하는 것"과 마찬가지로 "학구적 역할을 재정립하는 데 실패했다."[15]

몇몇 학계의 포스트모던 페미니스트들 가운데 루스 이리가래이(Luce Irigaray)와 같이 프랑스 페미니스트들의 전통에서 독자적으로 여성을 기반으로 한 이론, 문화, 정치학과 모계 공동체라는 유토피아를 창조하려는 욕망에서 이들은 (파농과 같은) 억압과 해방의 진보적인 남성 이론가들을 페미니스트 이론과 결합시키기보다 단지 이들의 남성성 때문에 (악마들처럼) 삭제하거나 쫓아내고 말았다. 사회변화를 위한 페미니스트 처방들을 실천하는 데서 우리는 "'남성과 여성'의 두 분리된 문화 사이에 '긴장'의 역사가 됐던 자유를 위한 여성과 남성의 대중적 투쟁

---

14 Said, *Representations of the Intellectual*, 65–83.
15 Stanton and Stewart, ed., *Feminisms*, 4, 11. 사회문제에 대한 연구가 반드시 진보적인 사회운동의 참여를 대체하지는 않는다.

의 역사, 곧 역사의 변증법"[16]과 함께 남았다.

진실로, 포스트모던 페미니스트들의 의식이 가난한 노동자 계급 여성들의 경험을 향한 이론적이고 실재적인 움직임에 대해 닫혀 있는 한, 페미니즘의 적절성이 여성 대중들의 의식에 "분명하지 않게" 남아 있는 한, 그리고 포스트모던 페미니스트들의 의식이 학계의 재조직과 사회적·정치적 변형보다 학계의 정통성과 동화에만 맞춰 있는 한, 학계의 포스트모던 페미니즘들은 역시 닫힌 책에 불과하다(『대지의 저주받은 자들』, 193쪽).[17]

16 Olga Domanski, "A Summary of Six Lectures for International Women's Year," *Women's Liberation and the Dialectics of Revolution*, 105.

17 Stanton and Stewart, ed., *Feminisms*, 1–16.

Accad, E. *Sexuality and War : Literary Masks of the Middle East.* New York : New York University Press, 1990.

Alcoff, L. "Cultural Feminism versus Poststructuralism : The Identity Crisis in Feminist Theory." *Signs* 13, no. 3 (Spring 1988).

Altbach, H. *From Feminism to Liberation.* Cambridge, Mass : Schenkman, 1971.

Andrade, S. "The Nigger of the Narcissist : History, Sexuality, and Intertextuality in Maryse Condé's *Heremakhonon.*" *Callaloo* 16, no. 1 (Winter 1993).

Arnaud, M. "Le mythe nègre." *Présence Africaine* 7 (Janvier 1950).

Auerbach, E. *Mimesis.* Princeton : Princeton University Press, 1953.

Azari, F. *Women of Iran : The Conflict with Fundamentalist Islam.* London : Ithaca Press, 1983.

Balandier, G. "Le noir et un home." *Présence Africaine* 1 (Octobre–November 1947).

Baldwin, J. *The Fire Next Time.* New York : Vintage, 1993.

Barot, D. *Guide pratique de l'Européen dan l'Afrique Occidentale*. Paris, 1902.

Bartky, S. *Femininity and Domination : Studies in the Phenomenology of Oppression*. New York : Routledge, 1990.

Beale, F. "Slave of a Slave No More." *Black Scholar* 6 (1975).

Bell, D. *Faces at the Bottom of the Well : The Permanence of Racism*. New York : Basic Books, 1993.

———. *And We Are Not Saved : The Elusive Quest for Racial Justice*. New York : Basic Books, 1989.

Bell, L. *Rethinking Ethics in the Midst of Violence : A Feminist Approach to Freedom*. Lanham, Md. : Rowman & Littlefield Publishers, 1993.

Bergner, G. "Who Is That Masked Woman? or, The Role of Gender in Fanon's *Black Skin, White Masks*." *Publications of the Modern Language Association* 110, no. 1 (January 1995).

Bhabba, H. "Difference, Discrimination, and the Discourse of Colonialism." In *The Politics of Theory*, ed. F. Barker, London : Colchester, 1983.

"*Black Scholar* Interviews Kathleen Cleaver." *Black Scholar* 3 (December 1971).

Blackey, R. "Fanon and Cabral : A Contrast in Theories of Revolution for Africa." *Journal of Modern African Studies* 12 (June 1974).

Blansford, V. *Black Women and Liberation Movements*. Washington, D.C. : Institute for the Arts and Humanities, n.d.

Bourne, J. "Towards an Anti–Racist Feminism." *Race and Class* 25 (Summer 1983).

Boyce Davies, C. *Black Women, Writing, and Identity : Migrations of the Subject*. New York : Routledge, 1994.

Boyce Davies, C., and Savory Fido, E., eds. *Out of the Kumbla : Caribbean Women and Literature*. Trenton, N.J. : Africa World Press, 1990.

Brent–Zook, K. "Singing & Dancing in the Slave Quarters : A Post–Exhale Q & A with Elaine Brown." *Village Voice* 41, no. 7 (February 13, 1996).

Brown, E. *A Taste of Power : A Black Woman's Story*. New York : Pantheon, 1993.

Brownmiller, S. *Against Our Will : Men, Women, and Rape*. New York : Bantam, 1976.

Bulhan, H. *Frantz Fanon and the Psychology of Oppression*. New York : Plenum, 1985.

Burris, B. "Fourth World Manifesto." In *Radical Feminism*. New York : Quadrangle Books, 1973.

Cade, T., ed. *The Black Women : An Anthology*. New York : Signet, 1970.

Cannon, K. "The Emergence of a Black Feminist Consciousness." In *Feminist Interpretations of the Bible*, ed. Lett Russell. Philadelphia : Westminister Press, 1985.

Capécia, M. *La négresse blanche*. Corrêa, 1950.

_____. *Je suis martiniquaise*. Corrêa, 1948.

Caraway, N. *Segregated Sisterhood : Racism and the Politics of American Feminism*. Knoxville : University of Tennessee Press, 1991.

Carby, H. *Reconstructing Woman hood*. New York : Oxford University Press, 1987.

Carson, C. *In Struggle* : SNCC *and the Black Awakening of the 1960s*. Cambridge : Harvard University Press, 1981.

Caute, D. *Frantz Fanon*. New York : Viking Press, 1979.

Cayton, H. Psychological Approach to Race Relations." *Présence Africaine* 3 (Mars–Avril 1948).

Césaire, A. *Discours sur le colonialism.* Paris : Présence Africaine, 1956.

Chamoiseau, P., and Confiant, R. *Lettres créoles : tracées antillaises et continentale de la littérature 1635–1975.* Paris : Hatier, 1991.

_____. *Éloge de la créolité.* Paris : Gallimard, 1989.

Cleaver, E. *Soul on Ice.* New York : McGraw–Hill, 1967.

Clifford, J. *The Predicament of Culture.* Cambridge : Harvard University Press, 1988.

Couplet, R. "*La Négresse blanche* (revue)." *Le Monde* (22 Avril 1950).

Collins, P. H. *Black Feminist Thought : Knowledge, Consciousness, and the Politics of Empowerment.* Boston : Unwin Hyman, 1990.

Condé, M. *Parole des femmes : Essai sur des romacières des Antilles de langue française.* Paris : Éditions L'harmattan, 1993.

Conklin, A. "Redefining 'Frenchness' : The New Politics of Race, Culture, and Gender in French West Africa, 1914–1940." Susan B. Anthony Center for Women's Studies. University of Rochester, November 3, 1993 (delivered paper).

Cooper, A. J. *A Voice from the South : By a Black Woman of the South.* New York : Oxford University Press, 1988.

Crenshaw–Hutchinson, M. *Revolutionary Terrorism : The FLN in Algeria, 1954–1962.* Stanford : Stanford University Press/Hoover Institute Press, 1978.

Cruse, H. *The Crisis of the Negro Intellectual.* New York : Quill, 1967.

Davis, A. "The Making of a Revolutionary : Review of *A Taste of Power.*" *Women's Review of Books* 10, no. 9 (June 1993).

_____. *Women, Culture, ad Politics.* New York : Random House, 1989.

_____. *Women, Race, and Class.* New York : Random House, 1981.

_____. *Angela Davis : An Autobiography.* New York : Random House, 1974.

Delaunay, C. "Préjugés." *Présence Africaine* 7 (Janvier 1950).

Dine, P. *Images of the Algerian War : French Fiction and Film,* 1954–1992. Oxford : Clarendon Press, 1994.

Doane, M. A. *Femmes Fatales : Feminism, Film Theory, Psychoanalysis.* New York : Routledge, 1991.

DuCille, A. *Skin Trade.* Cambridge : Harvard University Press, 1996.

Dunayevskaya, R. *Women's Liberation and the Dialectics of Revolution : Reaching for the Future : A 35–year collection of essayshistoric, philosophic, global.* Detroit : Wayne State University Press, 1996.

____. *Rosa Luxemburg, Women's Liberation, and Marx's Philosophy of Revolution.* Urbana–Champaign : University of Illinois Press, 1991.

____. *Philosophy and Revolution : From Hegel to Sartre, and from Marx to Mao.* New York : Columbia University Press, 1989.

Dworkin, R. "Liberalism." In *Liberalism and Its Critics,* ed. M. Sandel. Cambridge : Blackwell, 1984.

Early, G.. ed. *Lure and Loathing : Essays on Race, Identity, and the Ambivalence of Assimilation.* New York : Allen Lane, 1993.

Ebert, T. *Ludic Feminism and After : Postmodernism, Desire, and Labor in Late Capitalism.* Ann Arbor : University of Michigan Press, 1996.

Eisenstein, Z. *The Radical Future of Liberal Feminism.* New York : Longman, 1981.

el–Saasawi, N. *The Hidden Faces of Eve : Women in the Arab World.* London : Zed, 1980.

Enloe, C. *Making Feminist Scene of International Politics : Bananas, Beaches, and Bases.* Berkeley : University of California Press, 1989.

Estrich, S. *Real Rape.* Cambridge : Harvard University Press, 1987.

Fairstein, L. *Sexual Violence : Our War against Rape.* New York : Berkeley Books, 1995.

Faludi, S. *Backlash : The Undeclared War against American Women.* New York : Anchor Books, 1991.

Fanon, Frantz. "L'Experience nord−africaine." *Esprit*(Fevrier 1951).

_____. *Peau noire, masques blancs.* Paris : Editions de Seuil, 1952.

_____. "Déceptions et illusions du colonialism français." *El Moudjahid* 10 (Septembre 1957).

_____. *L'An cinq de la revolution.* Paris : Francois Maspero, 1959.

_____. *Les Damnés de la terre.* Paris : François Maspero, 1961.

_____. *The Wretched of the Earth.* New York : Grove Press, 1963.

_____. *Pour la revolution africaine : Ecrits politiques.* Paris : François Maspero, 1964.

_____. *Black Skin, White Masks.* New York : Grove Press, 1967.

_____. *Towards the African Revolution.* New York : Monthly Review Press, 1967.

_____. *A Dying Colonialism.* New York : Monthly Review Press, 1970.

_____. *Black Skin, White Masks.* London : Pluto Press, 1986.

Foner, P. *The Black Panthers Speak.* New York : Da Capo Press, 1995.

Frankenberg, R. *White Women, Race Matters : The Social Construction of Whiteness.* Columbia : University of Missouri Press, 1993.

Franklin, E. F. "Human, All Too Human." *Présence Africaine* 6 (Avril 1949).

Preire, P. *Pedagogy of the Oppressed.* New York : Continuum, 1994.

Freud, S. *Civilization and Its Discontents,* trans. J. Strachey. New York : W. W. Norton, 1961.

Friday, N. *My Secret Garden.* New York : Trident, 1973.

Fuss, D. "Interior Colonies : Frantz Fanon and the Politics of Identification." *Diacritics* (Summer/Fall 1994).

_____. *Essentially Speaking : Feminism, Difference, and Nature.* New York : Routledge, 1990.

Gates, H. L. "Critical Fanonism." *Critical Inquiry* 17(Spring 1991)

_____. *Race, Writing, and Difference.* Chicago : University of Chicago Press, 1986.

Geismar, P. *Frantz Fanon.* New York : Dial Press, 1971.

Gendzier, I. *Frantz Fanon : A Critical Study.* New York : Pantheon Books, 1973.

Genet, J. *Les Nègres.* Paris : Barbezat, Decines, Isere, 1958.

Giddings, P. *When and Where I Enter : The Impact of Black Women on Race and Sex in America.* New York : Willam Morrow, 1984.

Gilman, S. *Freud, Race, and Gender.* Princeton : Princeton University Press, 1993.

Goldberg, D. T. *Racist Culture.* Oxford : Blackwell, 1993.

_____, ed. *Anatomy of Racism.* Minneapolis : University of Minnesota Press, 1990.

Gordon, L., T. D. Sharpley-Whiting, R. White, eds. Fanon : *A Critical Reader.* New York and Oxford : Blackwell, 1996.

Gramsci, A. *Selections form the Prison Notebooks.* New York : International Publishers, 1971.

Griaule, M. "L'inconnue noire." *Présence Africaine* 1 (Octobre–Novembre 1947).

Guy–Sheftall, B., ed. *Words of Fire : An Anthology of African–American Feminist Thought.* New York : The New Press, 1995.

Halimi, G. *La Cause des femmes.* Paris : Grasset, 1973.

Hansberry, L. *Les Blancs.* New York : Vintage, 1994.

Hansen, E. *Frantz Fanon : Social and Political Thought.* Columbus : Ohio State University Press, 1977.

Harrison, A. *Challenging De Gaulle : The O.A.S. and The Couterrevolution in Algeria, 1954–1962.* New York : Praeger, 1989.

Haskins, J., and H. Butts. *Psychology of Black Language.* New York : Hippocrene Books, 1973.

Hegel, G. W. F. *The Phenomenology of Mind,* trans. J. B. Ballie. London : Allen & Unwin, 1931.

Helie–Lucas, M., "Women, Nationalism and Religion in the Algerian Liberation Struggle." In *Opening the Gates : A Century of Arab Feminist Writing,* ed. M. Badran and M. Cooke. Bloomington : Indiana University Press, 1990.

_____. "Bound and Gagged by the Family Code." In *Third World Second Sex.* Vol. 2, ed. M. Davies. London : Zed Books, 1987.

Hesnard, A. *L'univers morbid de la faute.* Paris : Presses Universitaire de France, 1949.

Hine–Clarke, D. *Black Women in U.S. History,* 8 vols. Brooklyn : Carlson, 1990.

Hirsch, M. and E. Fox–Keller, eds. *Conflicts in Feminism.* New York : Routledge, 1990.

Hoff Sommers, C. *Who Stole Feminism? How Women Have Strayed Women.* New York : Simon & Schuster, 1994.

hooks, b. *Killing Rage : Ending Racism.* New York : Henry Holt, 1995.

_____. *Outlaw Culture : Resisting Representations.* New York : Routledge, 1994a.

_____. *Teaching to Transgress : Education as the Practice of Freedom.* New York : Routledge, 1994b.

_____. *Black Looks : race and Representation.* Boston : South End, 1992.

_____. *Yearning : Race, Gender, and Cultural Politics.* Boston : South End, 1990.

_____. *Talking Back : Thinking Feminist, Thinking Black.* Boston : South End, 1989.

_____. *Feminist Theory : From Margin to Center.* Boston : south End, 1984.

Horne, A. *A Savage War of Peace.* New York : Viking, 1978.

Howlett, J. "Notes sur Chester B. Himes et l'aliénation noir." *Présence Africaine* 4 (July 1949).

_____. "Absence et Présence." *Présence Africaine* 1 (Octobre–Novembre 1947).

Hudson, C. "The Unearthing of Emmett Till : A Compelling Process." *The Iowa Alumni Review* (October 1988).

Hull, G., P. Bell Scott, B. Smith, eds. *All the Women Are White, All the Blacks Are Men, But Some of Us Are Brave : Black Women's Studies.* Old Westbury, N. Y. : The Feminist Press, 1982.

Jackson, G. *Blood in My Eye.* New York : Random Hous, 1972.

_____. *Soledad Brother : The Prison Letters of George Jackson.* New York : Bantam Books, 1970.

James, J. *Transcending Talented Tenth.* New York : Routledge, 1997.

_____. *Resisting State Violence.* Miineapolis : University of Minneasota, 1996.

James, J., and R. Farmer, eds. *Spirit, Space, and Survival : Black Women in (White) Academe.* New York : Routledge, 1993.

Jardine, A., ed. *Men in Feminism.* London : Methuen, 1987.

Jeanson, F. "Sartre et le monde noir." *Présence Africaine* 7 (Janvier 1950).

Jinadu, A. *Fanon : In Search of the African Revolution.* New York : KPI, 1986.

Kandiyoti, D. "Bargaining with Patriarchy." *Gender and Society* 2, no. 3 (1988).

Khanna, R. "The Battle of Algiers : From Third to Fourth Cinema." Susan B. Anthony Seminar for Women's Studies on Women, Nationalism, and the State. University of Rochester, December 1, 1993 (delivered paper).

Lerner, G., ed. *Black Women in White America : A Documentary History.* New York : Vintage, 1972.

Lorde, A. *Zami, Sister Outsider, Understanding.* New York : Book of the Month Club, 1993.

Lyotard, J.F. *The Postmodern Condition : A Report on Knowledge.* Minneapolis : University of Minnesota Press, 1984.

Mama, A. *Beyond the Masks : Race, Gender, and Subjectivity.* New York : Routledge, 1995.

Mandel, A. Genèse blanche d'une Idée du Noir. *Présence Africaine* 5 (July 1949).

Mannoni, O. *Psychologie de la colonization.* Paris : Editions de Seuil, 1950.

Marable, M. *Speaking Truth to Power : Essays on Race, Resistance, and*

Radicalism. Boulder, Colo. : Westview Press, 1996.

_____. *Beyond Black and White : Transforming African American Politics.* London and New York : Verso, 1995.

Maran, R. *Un home pareil aux autres.* Paris : Arc−en−ciel, 1947.

Maran, R. *Torture : The Role of Ideology in the French−Algerian War.* New York : Praeger, 1989.

Marcuse, H. *Studies in Critical Philosophy.* London : New Left Books, 1972.

Marks, E., and I. Courtivron, eds. *New French Feminisms.* Amherst : University of Massachusetts Press, 1980.

Martin, T. "Rescuing Fanon from the Critics." *African Studies Review* 13 (December 1990).

Marx, K. *Grundrisse,* trans. M. Nicolaus. New York : Vintage, 1973.

_____. *The Ethnological Notebooks of Karl Marx.* Assen : Van Gorcum, 1972.

_____. *On Colonialism.* New York : International Publishing, 1972.

Massu, J. *Le Torrent et la Digue.* Paris : Plon, 1972.

Maunier, R. *Sociologie colonial : Introduction à l'étude du contact des races.* Paris, 1932.

McClintock, A. *Imperial Leather : Race, Gender, and Sexuality in Colonial Contest.* New York : Routledge, 1995.

McCulloch, J. *Black Soul, White Artifact : Fanon's Clinical Psychology and Social Theory.* Cambridgeshire and New York : Cambridge University Press, 1983.

McNay, L. *Foucault & Feminism : Power, Knowledge, and the Self.* Boston : Northeastern University Press, 1992.

Memmi, A. *Portrait du colonisé précedé du portrait du colonisateur.* Paris : Editions Buchet−Chastel, 1957.

Mernissi, F. *Islam and Democracy : Fear of the Modern World.* Reading, Mass. : Addison–Wesley, 1992.

_____. *Doing Daily Battle : Interviews with Moroccan Women.* New Brunswick, N.J. : Rutgers University Press, 1989.

_____. *Beyond the Veil : Male and Female Dynamics in Modern Muslim Society.* Bloomington : Indiana University Press, 1987.

_____. *The Veil and the Male Elite : A Feminist Interpretation of Women's Rights in Islam.* Reading, Mass. : Addison–Wesley, 1987.

Minh–ha, T. *Woman, Native, Other : Writing Postcoloniality and Feminism.* Bloomington : Indiana University Press, 1989.

Moi, T. *Sexual/ Textual Politics : Feminist Literary Theory.* New York : Routledge, 1988.

Mordecai, P., and B. Wilson, eds. *Her True–True Name : An Anthology of Women's Writing from the Caribbean.* Portsmouth, N.H. : Heinemann, 1989.

Morrison, T. *Sula.* New York : Plume, 1973.

_____. "What the Black Woman Thinks about Women's Lib." *The New York Times Magazine,* August 22, 1971.

Nader, L. "Orientalism, Occidentalism, and the Control of Women." *Cultural Dynamics* 2, no. 3 (1989).

Newton, H. *Revolutionary Suicide.* New York : Harcourt, Brace, Jovanich, 1973.

_____. *To Die for the People.* New York : Vintage, 1972.

Nourbese–Philips, M. *Frontiers : Essays and Writings on Racism and Culture.* Straford, Ontario, Canada : The Mercury Press, 1992.

_____. *She Tries Her Tongue, Her Silence Softly Breaks.* Charlottetown, Prince Edward Island, Canada : Ragweed Press, 1989.

Pélissier-Kingfisher, C. *Women in the American Welfare Trap*. Philadelphia : University of Pennsylvania Press, 1996.

Rawls, J. *Political Liberalism*. New York : Columbia University Press, 1993.

Read, A., ed. *The Fact of Blackness : Frantz Fanon and Visual Representation*. Seattle : Bay Press, 1996.

Sadji, A. "*Littérature et colonization*." *Présence Africaine* 6 (Avril 1949).

Said, E. *Representations of the Intellectual*. New York : Vintage, 1996.

_____. *Orientalism*. New York : Vintage, 1979.

Sansarian, E. *The Women's Rights Movement in Tran : Mutiny, Appeasement, and Repression from 1900 to Khomeini*. New York : Praeger, 1982.

Sartre, J.P. *What Is Literature and Other Essays*. Cambridge : Harvard University Press, 1988.

_____. *Réflexions sur la question juive*. Paris : Morihien, 1946.

_____. *L'être et neant : essai d'ontologie phénomenologique*. Paris : Gallimard, 1943.

Sartre, J.P. and T. D. Sharpley-Whiting. "What Sartre Learned about the Black Problem." In *Existence in Black : An Anthology of Black Existential Thought*, ed. Lewis R. Gordon. New York : Routledge, 1996.

Schulze, H. *States, Nations, and Nationalism : From the Middle Ages to the Present*. Cambridge, Mass. : Blackwell, 1996.

Sekyi-Otu, A. *Fanon's Dialectic of Experience*. Cambridge, Mass., and London : Harvard University Press, 1996.

Senghor, L. *Liberté I : Négritude et humanisme*. Paris : Éditions de Seuil, 1964.

Shabaan, B. *Both Right and Left Handed : Arab Women Talk about Their Lives.* Bloomington : Indiana University Press, 1991.

Shakur, A. *Assata.* London : Zed Books, 1987.

Sharpley–Whiting, T. D. "Reading Dunayevskaya in the 1990s." *News & Letters* (October 1996).

———. "Fanon and Feminism : Perspectives in Motion." *News & Letters* (August–September 1996).

———. "Black, White, Raceless? Critically Reviewing Naomi Zack's *Race and Mixed Race*." *APA Newsletter on Philosophy and the Black Experience* (Spring 1995).

Sharpley–Whiting, T. D., and R. White, eds. *Spoils of War : Women of Color, Cultures, and Revolutions.* Lanham, Md. : Rowman & Littlefield, 1997.

Smith, B. "Black Feminism Divorced from Black Feminist Organizing." *Black Scholar* 14, no. 1 (January/February 1983).

Solinas, P., ed. *Gillo Pontecorvo's The Battle of Algiers : A Film Written by Franco Solias.* New York : Charles Scribner & Sons, 1973.

Spivak, G. *Other Worlds.* New York : Methuen, 1987.

St. John, P. "Insurgency, Legitimacy, & Intervention in Algeria." *Commentary* 65 (January 1996).

Stacey, J. *Name of the Family : Rethinking Family Values in the Postmodern Age.* Boston : Beacon Press, 1996.

Stanton, D., and A. Stewart, eds. *Feminisms in the Academy.* Ann Arbor : University of Michigan Press, 1995.

Sterling, D., ed. *We Are Your Sisters : Black Women in the Nineteenth Century.* New York : W. W. Norton, 1984.

———. *Black Foremothers : Three Lives.* Old Wesbury, N.Y. : Feminist Press, 1979.

Subjectivity of Sexuality Group. *Queer Notions : Thoughts on the Relationship of Sexuality to Revolution* (July 1996).

Talpade–Mohanty C., A. Russo, and L. Torres, eds. *Third World Women and the Politics of Feminism.* Bloomington : Indiana University Press, 1991.

Terborg–Penn, R. *Afro–American Women : Struggles and Images.* Port Washington, N.Y. : Naticus University Publishers, 1978.

Tucker, J., ed. *Arab Women : Old Boundaries, New Frontiers.* Bloomington : Indiana University Press, 1993.

Turner, L., and J. Alan. *Frantz Fanon, Soweto, and American Black Thought.* Chicago : News & Letters, 1986.

Turshen, M., ed. *Women and Health in Africa.* Trenton, N.J. : Africa World Press, 1991.

Walker, A. *You Can't Keep a Good Woman Down.* New York : Harc-ourt Brace & Co., 1981.

Walker, R. *To Be Real : Telling the Truth and Changing the Face of Feminism.* New York : Anchor Books, 1995.

Wall, C., ed. *Changing Our Own Words : Essays on Writing by Black Women.* New Brunswick, N.J. : Rutgers University Press, 1989.

Wallace, M. "Her Life at the Top : *A Taste of Power* (Review)." *New York Times Book Review.* (January 31, 1993).

_____. *Black Macho and the Myth of the Superwoman.* New York : Dial Press, 1979.

Ware, C. *Woman Power : The Movement for Women's Liberation.* New York : Tower Books, 1970.

Watteau, M. "Situations racials et condition de l'homme dans l'oeuvre de J. P. Sartre." *Présence Africaine* 2 (Janvier 1948).

Wells–Barnett, I. *On Lynchings.* Salem, N.H. : Ayer, 1990.

West, C. *Race Matters.* Boston : Beacon, 1993.

_____. *Prophesy Deliverance! An Afro–American Revolutionary Christianity.* Philadelphia : Westminster Press, 1982.

West, L. "*Feminist Nationalism.*" New York : Routledge, 1996.

Westmore, R. The Counter Intelligentsia. *Lingua Franca* (November 1996).

White, E. *Genet : A Biography.* New York : Vintage, 1993.

_____. *The Black Women's Health Book : Speaking for Ourselves.* Seattle : Seal Press, 1990.

Williams, P., and L. Chrisman, eds. *Colonial Discourse and Postcolonial Theory : A Reader.* New York : Columbia University Press, 1994.

Williams, P. *The Rooster's Egg.* Cambridge : Harvard University Press, 1995.

_____. *The Alchemy of Race and Rights : Diary of a Law Professor.* Cambridge : Harvard University Press, 1991.

Wilson, W. J. *When Work Disappears : The World of the New Urban Poor.* New York : Knopf, 1996.

Zack, Naomi. *Race and Mixed Race.* Philadelphia : Temple University Press, 1993.

Zimra, C. "A Woman's Place : Cross–Sexual Perceptions in Race Relations : The Case of Mayotte Capécia and Abdoulaye Sadji." *Folio* (August 1978).

_____. "Patterns of Liberation in Contemporary Women Writers." *L'Esprit Createur* 17, no. 2 (1977).

지은이_ **T. 데니언 샤플리-화이팅**(T. Denean Sharpley-Whiting)

T. 데니언 샤플리-화이팅은 퍼듀 대학교(Purdue University)에서 불어불문학과 아프리카계 미국학을 가르친다. 그녀는 『검은 비너스 : 성적인 야만인들, 불어에 나타난 근원적 공포와 원시적 내러티브』(*Black Venus : Sexualized Savages, Primal Fears and Primitive Narratives in French*, Duke University Press, 1999)를 출판했고, 『파농의 비판적 읽기』(*Fanon : A Critical Reader*, Blackwell, 1996)와 『전쟁의 폐해 : 유색 인종 여성들, 문화들, 혁명들』(*Spoils of War : Women of Color, Cultures, Revolutions*, Rowman & Littlefield, 1997)의 공동 저자이다.

옮긴이_ **우제원**

우제원은 미네소타 주립대학교 영어영문학과 박사과정에 있으며, 19세기 미국 문학에서 나타난 문화정체성을 주제로 연구 중이다.

프란츠 파농 -혁명가와 페미니즘-

초판1쇄 / 2008년 9월 30일

지은이 **T. 데니언 샤플리-화이팅**
옮긴이 **우제원**
펴낸이 **여국동**
펴낸곳 **도서출판 인간사랑**
인 쇄 **백왕인쇄**
제 본 **은정제책사**

출판등록 1983. 1. 26. / 제일 3호

정가 12,000원

ISBN 978-89-7418-251 9 93100

(411-815) 경기도 고양시 일산구 백석동 1178-1
TEL (031) 901-8144, 907-2003
FAX (031) 905-5815
e-mail/igsr@yahoo.co.kr/igsr@naver.com